AF566025

Schach für Kinder

8
7
6
5
4
3
2
1
A B C D E F G H

Schach für Kinder

Sabrina Chevannes

Illustriert von Fran Brylewska

Aus dem Englischen von
Matthias Schulz

Anaconda

Inhalt

Titel der englischen Originalausgabe:
Chess for Children
First published in 2013 by B.T. Batsford, London

Penguin Random House Verlagsgruppe
FSC® N001967

7. Auflage
Lizenzausgabe mit freundlicher Genehmigung
© 2017 by Anaconda Verlag, einem Unternehmen der Penguin Random House Verlagsgruppe GmbH, Neumarkter Straße 28, 81673 München
Alle Rechte vorbehalten.
produktsicherheit@penguinrandomhouse.de
(Vorstehende Angaben sind zugleich Pflichtinformationen nach GPSR)

Satzarbeiten: InterMedia - Lemke e. K., Heiligenhaus
ISBN 978-3-7306-0505-9
www.anacondaverlag.de

Einführung

Und wir werden dir alles beibringen, was wir über Schach wissen.

Jamie: Schach ist unser allerliebstes Spiel auf der ganzen Welt und wir wollen es mit euch allen spielen. Deshalb erzählen wir euch in diesem Buch alles, was wir über Schach wissen, und am Schluss seid ihr im Schachspielen genauso gut wie wir!

Jess: Ganz viele ganz kluge Menschen spielen Schach, das gefällt mir. Wenn ich gut im Schach werde, werden mich also alle für echt clever halten.

Jamie: Ich liebe Schach, weil ich gerne kämpfe. Aber es ist nicht nett, mit anderen zu kämpfen. Also kämpfe ich auf dem Schachbrett!

Jess: Schach hilft mir sogar bei den Hausaufgaben, denn ich lerne zu rechnen und klar zu denken. Seit ich Schach spiele, kann ich mir viel besser Dinge merken, außerdem löse ich Probleme viel leichter!

Jamie: Ich finde es toll zu gewinnen, dann fühle ich mich prima. Schach ist ein Kampf der Intelligenz. Gewinne ich beim Schach, habe ich das Gefühl, cleverer als mein Gegner zu sein. Ein tolles Gefühl!

Jess: Schach ist ein Kampf zwischen zwei Heeren – dem weißen und dem schwarzen. Jedes Heer versucht, den gegnerischen König gefangen zu nehmen und sein Königreich zu erobern.

Jamie: Genau. Fange ich deinen König, darf ich »SCHACHMATT!« rufen und habe die Partie gewonnen.

Jess: Hast du vergessen, dass wir nicht herumbrüllen, Jamie? Schach ist ein ruhiges Spiel.

Jamie: Menno, das vergesse ich immer. Pssssst!

Jess: Schach wird schon seit vielen hundert Jahren gespielt, aber wir kennen noch immer nicht alle Geheimnisse. Das ist einer der Gründe, weshalb Schach so toll ist.

Jamie: Das erste Mal wurde Schach im 5. Jahrhundert in Indien gespielt, dort lernten es die Perser kennen. In Europa wurde Schach erst im 12. Jahrhundert beliebt und Wettkämpfe gibt es sogar erst seit dem 19. Jahrhundert.

Wow! Du weißt wirklich viel über Schachgeschichte, Jamie.
Es ist nun mal mein Lieblingsspiel. Komm, ich zeige dir das Brett.

Das Schlachtfeld

Das Schlachtfeld beim Schach heißt Schachbrett. Es ist quadratisch aufgebaut und in helle und dunkle Quadrate unterteilt.

Jamie: Das Schachbrett besteht genau aus 64 Feldern. Ich weiß das, weil es unten acht Quadrate gibt und acht an der Seite. Und 8 x 8 = 64!

Jess: Du bist schon ein Schlaumeier. Aber weißt du auch, dass die waagerechten und die senkrechten Linien spezielle Namen haben? Genauso wie die, die schräg verlaufen!

Jamie: Ja, man sagt Reihen dazu.

Jess: Das stimmt nicht so ganz. Beim Schach kommt es darauf an, über was wir sprechen. Die Felder, die von oben nach unten verlaufen, heißen **Linien** und sind nach Buchstaben benannt.

Jamie: Das Wort höre ich ständig. Unser Lehrer sagt immer, wir sollen uns draußen in einer ordentlichen Linie hinstellen.

Jess: Genau so! Siehst du hier die markierte Linie? Das nennt man die E-Linie, weil es alle Felder sind, die auf dem Schachbrett über dem Buchstaben E stehen.

Jamie: Verstehe. Am Rand vom Schachbrett stehen Buchstaben und Zahlen und das hilft uns, allen Quadraten einen eigenen Namen zu geben.

Jess: Darüber sprechen wir gleich, Jamie. Weißt du denn, wie man die Felder nennt, die waagerecht über das Schachbrett verlaufen?

Jamie: Die heißen jetzt aber Reihen, oder nicht?

Jess: Ja, ganz genau, die nennt man **Reihen** und sie heißen nach Zahlen.

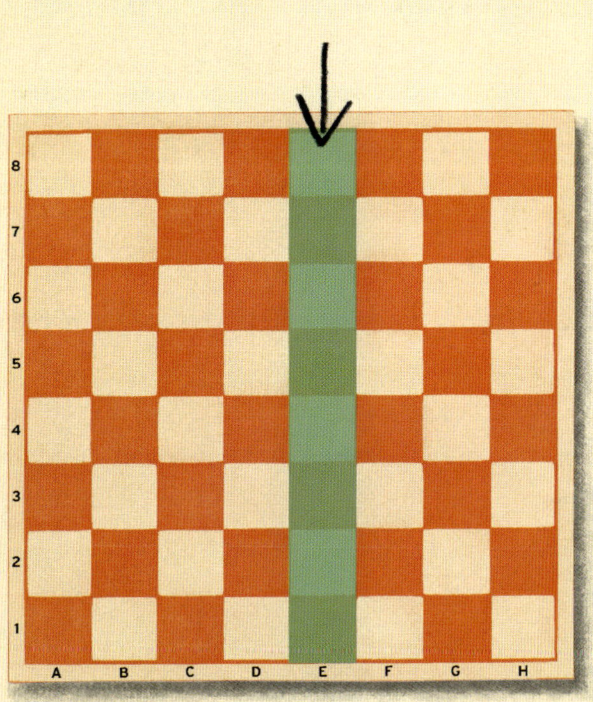

Jamie: Die Reihe in diesem Bild ist also Reihe 4, denn die markierten Quadrate liegen alle auf der Reihe, die eine 4 am Rand hat.

Jess: Exakt. Ist doch ganz einfach, oder? Und dann gibt es noch eine wichtige Linie auf dem Schachbrett. Sie verläuft schräg und heißt **Diagonale**.

Jamie: Diese Diagonale nennen wir die a1-h8-Diagonale, denn durch diese Felder verläuft sie.

Jess: Moment mal, was meinst du mit a1-h8?

Jamie: Das sind die Namen der Quadrate! Jedes Feld hat seinen eigenen Namen, der aus einem Buchstaben und aus einer Zahl besteht. Man nennt das auch »Koordinaten«. Schau, hier habe ich ein Feld markiert. Um seinen Namen herauszufinden, gucke ich zuerst unten auf die Buchstaben. Dann an der Seite auf die Zahlen. So kann ich genau bestimmen, dass das markierte Quadrat das Feld e4 ist.

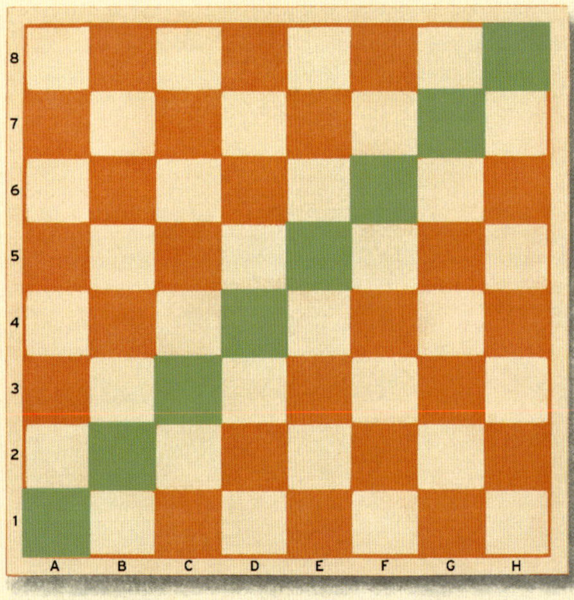

Jess: Ach ja, jetzt erinnere ich mich wieder. Das ist so ähnlich wie Straße und Hausnummer. Ich stelle mir immer ein kleines Häuschen für die Schachfiguren vor und die Koordinaten sind die Adresse.

Jamie: Wenn du es dir so am besten merken kannst … Aber vergiss nicht: Es ist ganz wichtig, das Koordinatensystem zu verstehen, denn so werden alle Partien aufgezeichnet und nur so kannst du verstehen, wie die Schachexperten miteinander reden.

Jess: Linien, Reihen, Diagonalen, Koordinaten – aus all diesen Wörtern besteht die **Schachsprache** und wir werden sie die ganze Zeit benutzen.

Jamie: Stellen wir die Figuren auf? Das sollten wir können, bevor wir mit der Partie beginnen.

Jess: Du musst etwas warten. Wir kennen doch die Schachfiguren noch gar nicht!

Jamie: Okay, aber hier schon mal ein Bild von der Aufstellung. Nur für den Fall, dass wir sie brauchen.

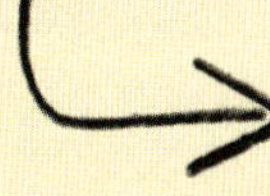

Der Bauer

Was weißt du darüber, wie sich der Bauer bewegt, Jamie?

Alles!

Na, dann lass mal hören.

Okay.

Jamie: Der Bauer ist die kleinste Figur in unserer Armee. Er kann sich nicht sehr weit bewegen und auch immer nur in eine Richtung. Normalerweise darf er ein Feld weiter, nur wenn er das erste Mal bewegt wird, darf er zwei Felder vorrücken. Danach dann jedes Mal nur eins. Schau hier:

Der weiße Bauer befindet sich noch in der Ausgangsposition, also weißt du, dass er noch nicht bewegt wurde. Jetzt kann er entweder ein Feld oder zwei Felder weitergehen, also auf d3 oder d4. Der schwarze Bauer wurde bereits bewegt, er darf nur ein Feld nach vorne ziehen.

Jess: He, der schwarze Bauer läuft rückwärts! Ich dachte, die dürfen nur vorwärtsgehen?!

Jamie: Nein, er läuft vorwärts! Nicht vergessen: Die beiden Armeen kämpfen gegeneinander! Die schwarze Armee rückt auf Reihe 1 vor, die weiße Armee zieht in Richtung Reihe 8.

Jess: Ah, okay, verstanden. Aber ich glaube, du hast was vergessen, Jamie …

Jamie: Stimmt doch gar nicht. Mehr gibt es zu den Bauern nicht zu sagen.

Jess: Doch. Ich weiß noch etwas:

Die Bauern sind vielleicht klein, aber auch ganz schön kompliziert. Nämlich wenn sie schlagen. Wollen sie eine gegnerische Figur aus dem Spiel nehmen, dann geht das nur **diagonal** und zwar nur ein Feld weiter diagonal.

Jamie: Kannst du das noch mal erklären?

Jess: Also:

Stellen wir uns vor, der weiße Bauer hat drei schwarze Bauern vor sich, die ihm direkt vor der Nase stehen. Wen darf er schlagen?

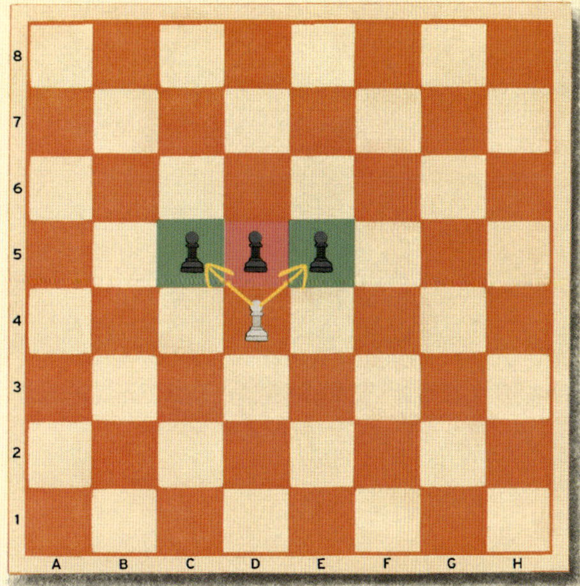

Jamie: Den auf d5 natürlich! Er darf ja nur nach vorne ziehen.

Jess: Falsch! Nicht vergessen: Der Bauer schlägt anders, als er zieht. Ein Bauer kann alle anderen Bauern schlagen, die direkt schräg vor ihm stehen. In unserem Beispiel also den Bauern auf c5 oder e5, aber **nicht** den auf d5.

Jamie: Mann, Bauern sind echt kompliziert. Danke, Jess, jetzt weiß ich wirklich alles über Bauern und wie sie sich bewegen.

Jess: Das glaubst du nur! Es gibt noch mehr … aber darüber sprechen wir später. Jetzt wollte ich erstmal nur sagen, dass wir allen Schachfiguren einen bestimmten Wert geben, eine Punktzahl. Bauern haben von allen Figuren den geringsten Wert, weil sie die kleinsten sind.

Jamie: Wie viele Punkte ist denn so ein Bauer wert, Jess?

Jess: Nur einen. Sie können ja nur vorwärtsgehen, nie rückwärts, und sie können sich nur über ganz wenige Felder bewegen.

Jamie: Boah, das ist übel. Aber wenigstens haben wir am Anfang acht Bauern. Das ist schon eine ganze Menge!

Jess: Genau. Sie sind stark, weil sie so viele sind. Alle Bauern zusammen sind also acht Punkte wert, aber jeder einzelne nur einen Punkt.

Kein Kanonenfutter!

Und vergiss nicht: Die kleinen Bauern sind Kämpfer mit großem Herz, die treu an deiner Seite stehen und ihre Kameraden nach Kräften verteidigen. Sie sind KEIN Kanonenfutter, also wirf deine Bauern dem Gegner nicht einfach zum Fraß vor!

Bauern-schach

Jamie: Es gibt da dieses wirklich coole Spiel, das ich gerne mit den Bauern spiele. Es heißt Bauernschach.

Jess: Das klingt nett. Wie sind die Regeln?

Jamie: Als Erstes stellst du alle Bauern auf die Felder, wo sie auch normalerweise stehen. Das heißt, die weißen Bauern stehen in der **zweiten Reihe**, die schwarzen in der **siebten Reihe**.

Die Regeln sind ganz einfach. Weiß fängt an … beim Schach hat Weiß immer den ersten Zug. Es gibt drei Möglichkeiten, das Spiel zu gewinnen:

1. Du erreichst das andere Ende des Bretts, bevor dein Gegner es schafft.
2. Du schlägst alle Bauern deines Gegners.
3. Dein Gegner kann nicht mehr ziehen.

Der dritte Weg ist der schwierigste, weil man höllisch aufpassen muss, dass man sich nicht selbst blockiert!

Jess: Das ist toll. So kann ich lernen, wie der Bauer zieht. Lass uns spielen!

Der Turm

Jamie: Jetzt lass uns über eine Figur reden, die schneller ist. Die Bauern sind mir zu lahm. Zum Glück haben wir von denen wenigstens acht.

Jess: Dann nehmen wir den Turm, der ist viel schneller als der Bauer. Er kann über so viele Felder ziehen, wie er will, wenn ihm nichts im Weg steht.

Jamie: Wow, das klingt gleich viel besser. Kann er auch in jede Richtung ziehen, in die er will?

Jess: Nein, er kann nur gerade ziehen, also vorwärts, rückwärts und zur Seite, aber nicht schräg.

Jamie: Er malt ein Plus mit seinen Zügen, genau wie in Mathe!

Jess: Das stimmt, aber er darf nicht mitten im Zug die Richtung wechseln. Er muss sich vorher entscheiden, wo er hinwill, vorwärts, rückwärts, links oder rechts, nicht wild durcheinander.

Jamie: Und ist das Schlagen wie beim Bauern? Schlägt er anders, als er zieht?

Jess: Nein, das machen nur die Bauern. Alle anderen Figuren schlagen genauso, wie sie ziehen.

Jamie: Puh, das ist gut, das kann man leichter lernen.

Jess: Genau. Zieht der Turm auf ein Feld, auf dem eine gegnerische Figur steht, dann schlägt er sie. Er darf nicht an der Figur vorbeiziehen.

Wenn in dieser Position der Turm den Bauern schlagen will, zieht er auf g4. Damit ist sein Zug fertig, er darf nicht weiter auf h4. Er muss auf g4 bleiben, darf aber die schwarze Figur vom Brett nehmen.

Jamie: Ich mag den Turm. Wusstest du, dass in vielen Ländern der Turm eigentlich ein Streitwagen ist? Sogar im chinesischen Schach gibt es eine Figur, die sich so ähnlich bewegt wie der Turm, die Chinesen nennen sie Wagen.

Jess: Das stimmt, aber in den meisten Ländern Europas sieht die Figur aus wie ein Turm und das gilt auch für uns.

Jamie: Groß und unbezwingbar wie eine Festung.

Jess: Du sagst es. Deswegen wird die Figur in einigen Sprachen auch als Burg bezeichnet, aber wir reden vom Turm. So sieht die Figur ja schließlich auch aus.

Bauernjagd

Jess: Kennst du ein Spiel, das so ähnlich ist wie Bauernschach und bei dem wir lernen können, wie sich die Türme bewegen?

Jamie: Ich spiele gerne Bauernschach mit den Türmen. Das ist ganz einfach. Jeder hat einen Turm. Den stellen wir so in den Ecken des Bretts auf, dass sich die Türme nicht gegenüberstehen. Türme stehen beim Schach in der Anfangsstellung in den Ecken. Dann verteilen wir unsere Bauern über das Brett, wie wir wollen. Jetzt versuche ich, all deine Bauern zu schlagen, bevor du meine schlägst. Die Bauern dürfen sich nicht bewegen, es geht nur darum, den Turm richtig zu bewegen.

So könnte die Aufstellung für eine Partie Bauernjagd aussehen:

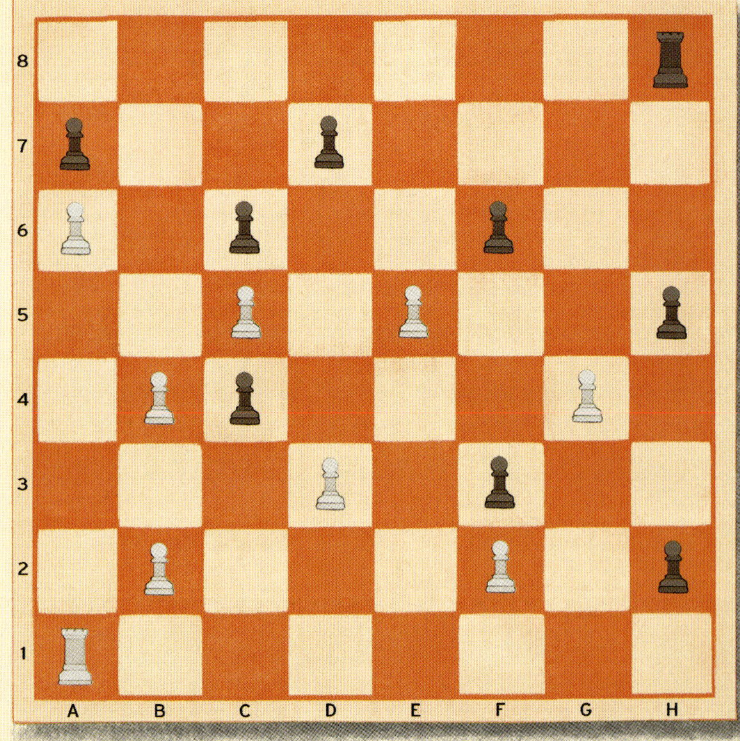

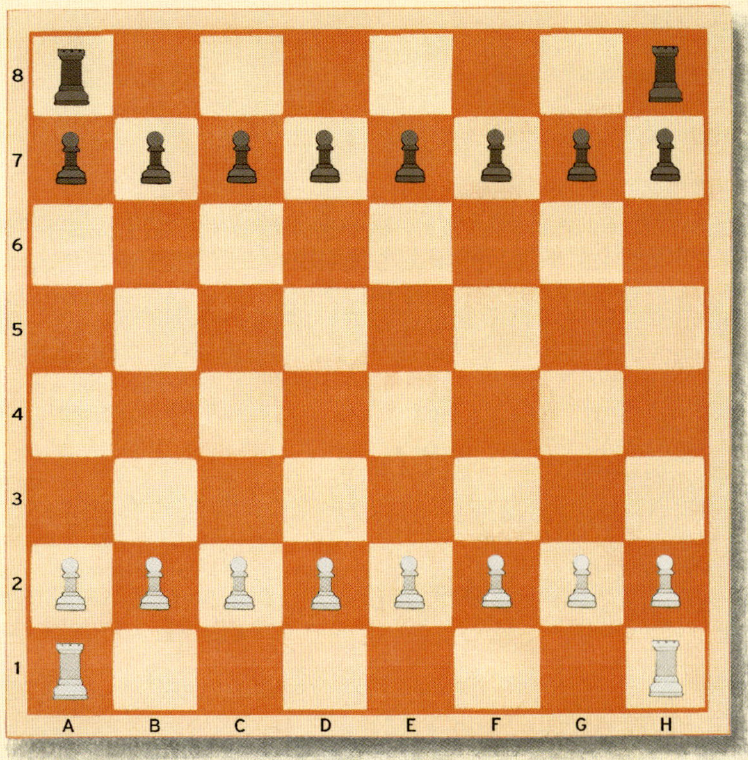

Jess: Können sich die Türme gegenseitig schlagen?

Jamie: Ja. Pass also auf, dass du meinem Turm nicht mit deinem in die Quere kommst. Denk dran: Bedrohst du einen Turm, bedroht er auch dich.

Jess: Das klingt super. Kennst du noch ein Spiel?

Jamie: Es gibt noch eine Version, bei der die Bauern und die Türme ganz normal auf dem Brett stehen.

Jess: Ach ja, das kenne ich. Wir spielen mit beiden Türmen und allen acht Bauern und alle stehen am Anfang da, wo sie sonst auch stehen würden. Wer als Erstes alle Figuren des Gegners schlägt, hat gewonnen.

Jamie: Ja, das stimmt. Es gibt noch einen anderen Weg zu gewinnen. Wenn du einen Bauern sicher auf die andere Seite des Bretts bringst, hast du gewonnen.

Jess: Was meinst du mit »sicher«?

Jamie: Na so, dass ich den Bauern nicht sofort schlagen kann. Ich darf noch einen Zug machen, bei dem ich versuche, den Bauern vom Feld zu nehmen. Kann ich das, geht das Spiel weiter, sonst hast du gewonnen!

Jess: Super! Komm, das probieren wir gleich aus!

Der Läufer

Jess: Der Läufer sieht ein bisschen so aus wie ein großer Bauer, aber hat oben einen Schlitz. In England heißt er Bischof und der Schlitz soll die Mütze sein.

Jamie: Ja, der Läufer ist eine komische Figur, denn er heißt in vielen Ländern anders. »Läufer«, »Bischof« … und die Rumänen und Franzosen sagen »Narr«.

Jess: Für sie sieht der Bischof mehr wie ein Narr aus. Der Schlitz erinnert an die Narrenkappe, sagen sie.

Jamie: Ich finde, wie Narren sehen die nicht aus. Und Bischof? Ich weiß nicht.

Jess: Wie auch immer: Der Läufer bewegt sich nur diagonal. Er hat also weniger Spielraum als der Turm, ist aber viel schneller als der Bauer.

Jamie: Kann er auch rückwärtsgehen?

Jess: Ja, das können alle Schachfiguren, nur der Bauer nicht.

Jamie: Dieser Bauer schon wieder! Wenigstens gibt es acht davon.

Jess: Ja, aber Läufer hast du nur zwei Stück. Einer steht auf einem weißen Feld, der andere auf einem schwarzen. Sie treffen sich also nie und stehen nie auf demselben Feld.

Jamie: Warum das denn?

Jess: Weil sie sich nur im Winkel bewegen können. Sie müssen auf der Farbe bleiben, auf der sie begonnen haben. Sie dürfen nicht von weiß auf schwarz wechseln.

Jamie: Ach so. Das ist einfach zu merken! Das mit dem Winkel erinnert mich an diese Straße bei *Harry Potter* ... wie hieß die noch?

Jess: Eine Straße, die die Muggel nicht sehen können. Das ist eine tolle Methode, sich zu merken, wie der Läufer zieht: Winkel, verwinkelt, schräg ...

Jamie: Harry Potter finde ich toll!

Jess: Oder wir merken uns das wieder mit Hilfe der Mathematik – wie der Läufer zieht, sieht aus wie das Malzeichen, also ein x.

Jamie: So wie der Turm das + macht!

Jess: Ganz genau.

Jamie: Aber so richtig viel kann der Läufer ja doch nicht, wenn er sich nur auf einer Farbe bewegen kann. Wenigstens ist er schneller als der Bauer.

Jess: Da hast du seine Stärken und Schwächen auf den Punkt gebracht: Der Läufer ist schnell und kann rückwärtsgehen, aber alles, was auf einem andersfarbigen Feld steht, ist vor ihm sicher.

Die Läufer sind los

Jamie: Um zu üben, wie sich der Läufer bewegt, können wir doch dasselbe spielen, was wir mit den Türmen gemacht haben – Bauernjagd mit Läufern!

Jess: Gute Idee. Wir stellen die Läufer auf die Felder, auf denen sie am Anfang einer Partie stehen, und verteilen unsere acht Bauern so, wie wir wollen.

Jamie: Ich muss mir unbedingt merken, dass die weißen Läufer auf c1 und f1 beginnen und die schwarzen auf c8 und f8.

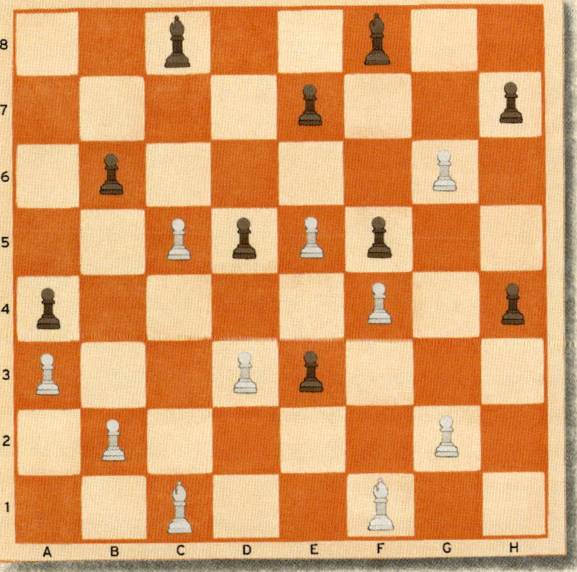

Jess: Und vergiss nicht, dass sich bei der Bauernjagd die Bauern nicht bewegen. Und dass Weiß immer anfängt!

Jamie: Wir können auch das Minispiel mit Läufern und Bauern spielen, wie wir es auf Seite 21 mit den Türmen getan haben.

Jess: Ja, auch klasse. Das Brett stellen wir jetzt so auf:

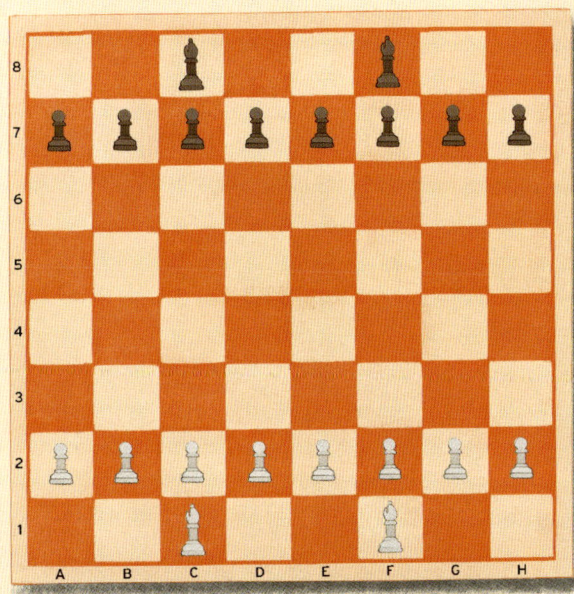

Die Dame

Jess: Hurra, jetzt sprechen wir uber meine Lieblingsfigur – die Dame!

Jamie: Warum ist sie deine Lieblingsfigur?

Jess: Weil sie wie ein Läufer und ein Turm in einem ist. Und sie ist superschnell!

Jamie: Ja, die Dame ist schon cool. Sie kann vorwärtsziehen, rückwärts, zur Seite, schräg … fehlt was?

Jess: Nee, hört sich gut an. Die Dame ist echt super. Sie ist die stärkste Figur in unserer Armee, denn sie kann sich in so viele Richtungen bewegen und auf ganz viele Felder ziehen.

Jamie: Wow, ich habe gerade mal gezählt: Stellst du sie in die Mitte des Bretts und ihr steht nichts im Weg, kontrolliert sie 27 Felder gleichzeitig! Das ist fast die Hälfte aller Felder auf dem Schachbrett.

Jess: Ja, die Dame ist fantastisch!

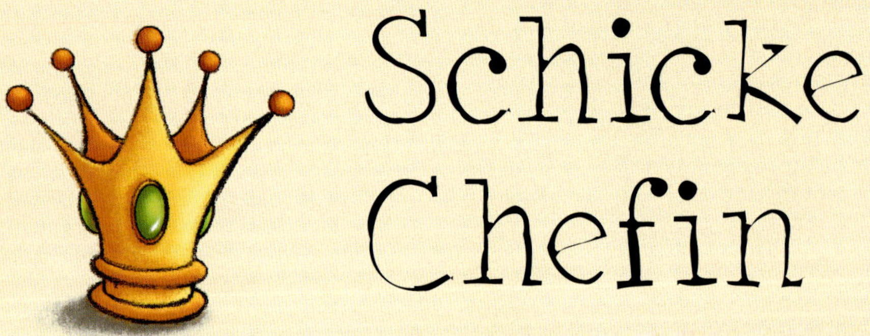

Schicke Chefin

Jamie: Ich kenne ein ganz tolles Spiel, mit dem man üben kann, wie die Dame zieht. Es ist schwerer als die anderen, weil man viel mehr überlegen muss. Das Spiel heißt **»Räuber und Gendarm«**.

Jess: Das klingt schon mal gut. Wie geht das?

Jamie: Die Dame steht auf dem Feld, auf dem sie immer anfängt. Die Dame ist der Gendarm und die schwarzen Bauern sind die Räuber. Du musst alle Räuber fangen, bevor es einer von ihnen sicher auf die andere Seite schafft. Wenn du das nicht verhindern kannst, hast du verloren. Erwischt du alle rechtzeitig, hast du gewonnen!

Jess: Super, das hört sich großartig an. Und wenn der Bauer die letzte Reihe des Spielfelds erreicht hat, darfst du dann noch versuchen, ihn zu fangen?

Jamie: Ja, der Räuber muss sicher auf der anderen Seite ankommen.

Jess: Eine Frage habe ich noch. Du hast gesagt, die Dame muss auf ihrem normalen Feld stehen. Woher weißt du, welches das ist?

Jamie: Komm schon, Jess, das weißt du!

Jess: Ja, stimmt, ich wollte nur prüfen, ob du es auch weißt. Haha!

Jamie: Das ist leicht: Weiße Dame – weißes Feld, schwarze Dame – schwarzes Feld.

Jess: Und weißt du auch, warum das so ist?

Jamie: Weil so nun mal die Regeln sind!

Jess: Ja, weil so die Regeln sind, aber der eigentliche Grund ist ein anderer: Die Dame mag Mode! Sie zieht sich immer schick an, ihre Sachen passen immer zusammen. Geht sie aus, passt die Farbe des Kleids zu Schuhen und Handtasche. Natürlich muss dann auch die Farbe vom Anfangsfeld passen.

Jamie: Oh ja, sie hat wirklich Stil.

Jess: Noch etwas: Sie steht am Anfang auf dem d-Feld. Weil sie Diamanten liebt!

Jamie: Verstehe … d für Diamanten!

Jess: Dieses Brett ist bereit für »Räuber und Gendarm«. Fangen wir an!

Jamie: Nicht vergessen: Weiß beginnt. Also fang mir nicht gleich den d-Bauern weg. Erst will ich eine Möglichkeit haben, ihn zu verteidigen. Wenn du deine Dame verlierst, ist das Spiel vorbei! Ich muss nur einen Bauern auf die andere Seite bringen. Na, dann wollen wir mal sehen.

Der Springer

Jess: Keine andere Schachfigur ist so kompliziert wie der Springer. Er zieht nicht geradeaus und in mehr als eine Richtung.

Jamie: Das ist nicht schwer, das ist ganz einfach. Du bist nur zu doof!

Jess: Das ist unhöflich, Jamie. Beleidigungen sind beim Schach verboten!

Jamie: Tut mir leid, aber ich liebe die Springer nun mal. Mehr als alle andern!

Jess: Das heißt nicht, dass sie einfach sind.

Jamie: Stimmt, sie sind ganz schön kompliziert zu verstehen

Jess: Der Springer zieht in L-Form, er muss also im Zug die Richtung wechseln, was das Ganze noch schwieriger macht. Dieser Springer sitzt auf c3 und kann sich mit einem Zug nach d5 bewegen. Dafür hat er zwei Möglichkeiten, wie du an den gelben und roten Pfeilen siehst. Es ist schon verwirrend, weil sie mal ein Feld ziehen und dann die Richtung wechseln, mal über zwei Felder und dann wechseln.

Jamie: Soll ich dir sagen, wie ich mir das merke? Der Springer sieht aus wie ein Pferd, er wird ja auch »Pferd« genannt. Also stelle ich mir seine Bewegung wie die Bewegung eines Pferdes vor. Also: Der Springer reitet klipp-klapp um die Ecke. Das »klipp-klapp« sind die beiden Felder und zum Schluss kommt noch ein Feld um die Ecke.

Jess: Das ist gar nicht so dumm, das merke ich mir. Die Sache hat nur einen Haken: Sie funktioniert nicht, wenn wir erst ein Feld in die eine Richtung ziehen und dann

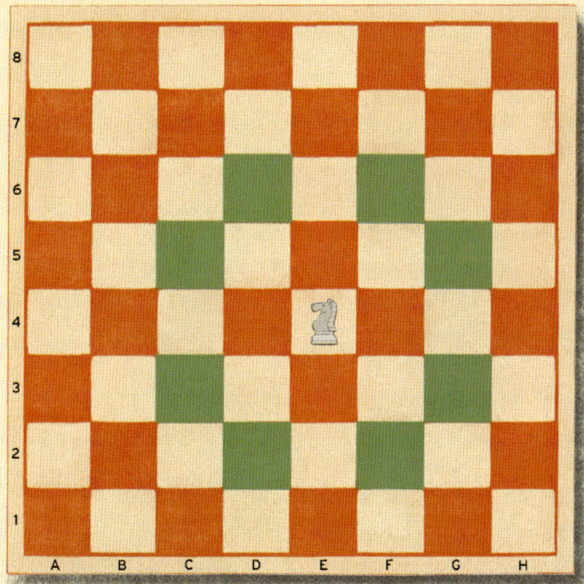

zwei in eine andere. Dann müssen wir rückwärts klipp-klappen. So, ich stelle jetzt mal einen Springer in die Mitte vom Brett. Mal sehen, wie viele Felder er kontrolliert. Mit »klipp-klapp und um die Ecke« komme ich auf acht Stück!

Jamie: Mehr gibt es auch nicht. Ist dir aufgefallen, dass die Felder einen Kreis um die Figur bilden?

Jess: Der Springer ist ein Oktopus!

Jamie: Was?

Jess: Ein Oktopus hat acht Arme, der Springer kontrolliert acht Felder um sich herum … genau wie ein Oktopus!

Jamie: Jetzt verstehe ich – ein Oktopus-Springer. Hast du denn gesehen, dass der Springer von einem weißen Feld aus nur auf schwarze Felder kann?

Jess: Nein, das hatte ich nicht gesehen. Und wenn er auf einem schwarzen Feld steht, kann er nur auf ein weißes?

Jamie: Ganz genau. Das sollte man sich merken.

Jess: Der Springer ist etwas Besonderes. Niemand sonst bewegt sich wie der Springer, er ist einmalig!

Jamie: Und er kann etwas, was sonst keine Schachfigur kann – er kann springen.

Jess: Kein Wunder, dass man ihn Pferd nennt.

Jamie: Egal, wie viele Figuren um den Springer herumstehen oder wie stark sie sind – der Springer kann immer über sie hinweghüpfen.

Hier, sieh dir diesen Springer an, der komplett von Feinden umkreist ist. Trotzdem bleiben ihm acht Felder, auf die er ziehen kann, wie die Pfeile zeigen. Dabei ist es ganz egal, dass die Figuren im Weg sind.

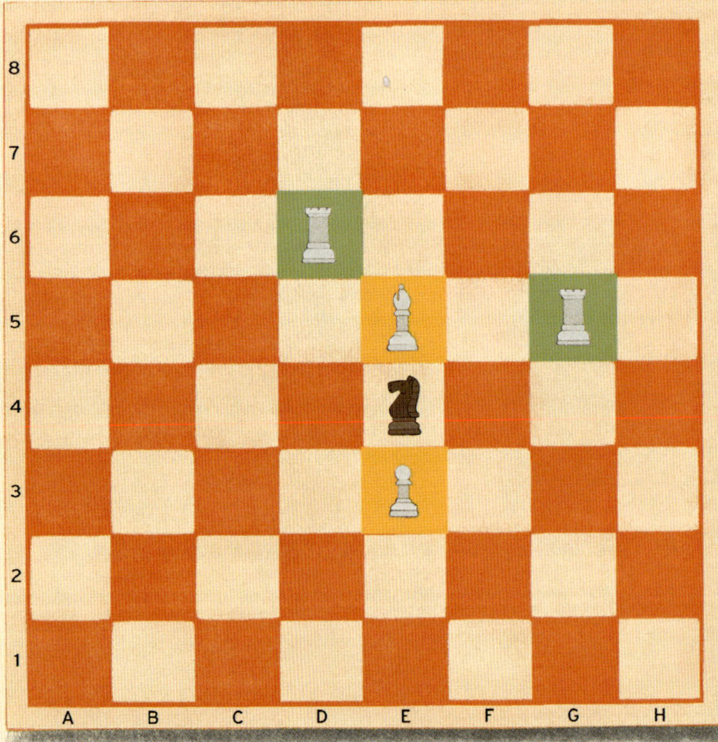

Jess: Und kann der Springer diese Figuren auch schlagen?

Jamie: Nein. Um eine Figur zu schlagen, muss der Springer auf ihr landen. Es reicht nicht, einfach über sie drüberzuspringen.

Jess: Bei dieser Stellung kann der Springer also die weißen Türme schlagen, aber nicht den Läufer und den Bauern?

Jamie: Genau. Der Springer kann klipp-klapp zu den Türmen hüpfen, aber Läufer und Bauern kann er nur überspringen.

Jess: Cool! Genau wie ein Pferd.

Jamie: Ja, aber der Springer ist nicht das Pferd, er steht eigentlich für einen Ritter. Ein Ritter ist ein Soldat, der eine Rüstung trägt. Er ist tapfer und reitet meistens hoch zu Ross. Es geht hier also um den Reiter, nicht das Tier!

Jess: OK, habe ich kapiert. Wenn es zur Schlacht kommt, will man kein Pferd an seiner Seite haben, sondern einen tapferen Krieger. Ich finde das nicht so einfach mit den Springern. Und dann gibt es auf jeder Seite auch noch zwei davon.

Füttere das Pferd

Jamie: Es gibt ganz viele Spiele, mit denen wir üben können, wie man mit dem Springer umgeht. Er ist die schwierigste Figur, also müssen wir damit am meisten üben.

Jess: Das finde ich auch. Mein Lieblingsspiel ist **»Füttere das Pferd«**.

Jamie: Wie spielt man das?

Jess: Bei Schwarz und bei Weiß stehen alle Figuren, die wir bisher kennengelernt haben, auf ihrer normalen Ausgangsposition. Nur stellt jeder einen Springer mitten unter die gegnerischen Figuren. Jetzt muss ich versuchen, deine Figuren zu schlagen, bevor du meine geschlagen hast. Außer unseren Springern dürfen wir keine von unseren Figuren bewegen.

Jamie: Super! Aber dann brauchen wir doch eigentlich drei Springer, um das zu spielen. Wie soll das gehen, es gibt doch nur zwei?

Jess: Du hast gut aufgepasst, Jamie. Jeder darf nur einen seiner Springer führen, der zweite Springer darf sich nicht bewegen.

Jamie: Verstehe. Ist das die richtige Aufstellung für eine Partie »Füttere das Pferd«?

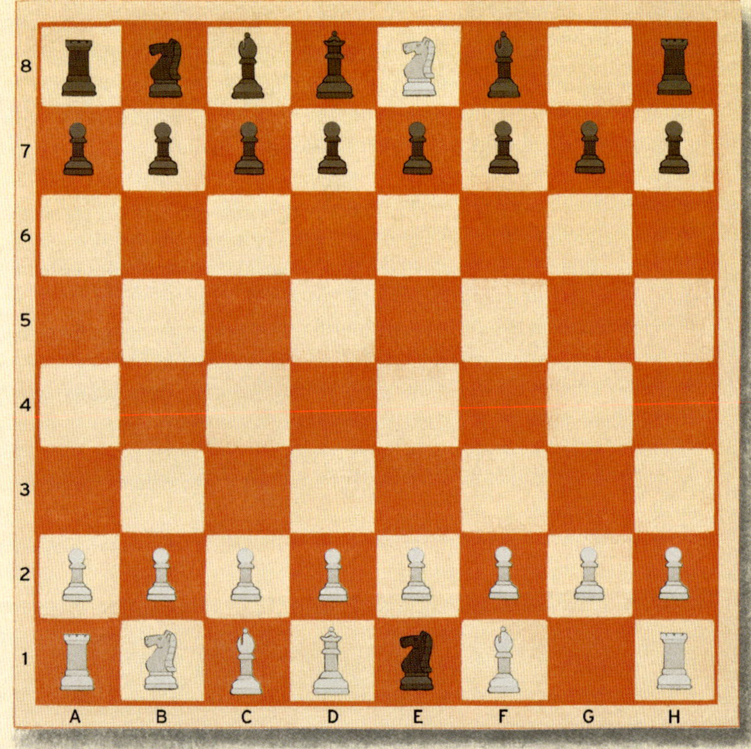

Jess: Das sieht gut aus!

Jamie: Ich kenne auch ein Spiel, aber das kann man nur alleine spielen.

Jess: Und wie heißt es?

Jamie: Ich nenne es **»Springergalopp«**. Dein Springer steht auf a1 und du musst mit ihm in alle Ecken des Schachbretts und dann wieder zurück zu a1 springen.

Jess: Das klingt einfach.

Jamie: Stimmt, aber wir müssen es in einer bestimmten Reihenfolge tun, und zwar a1, h1, h8, a8 und dann zurück auf a1. Außerdem ist das Brett nicht leer, da lauern Hindernisse, siehst du?

Der Springer darf auf keinem Feld mit einem Bauern landen und auf keinem Feld, wo er vom Bauern geschlagen werden kann. Vergiss nicht: Die schwarzen Bauern ziehen auf dem Brett nach unten, der Bauer auf c3 kann also auf den Feldern b2 und d2 schlagen.

Jess: Oha, dann ist es gleich viel schwerer. Ich mag aber Spiele lieber, wo man gegeneinander spielt.

Jamie: Wir können immer noch einen Wettbewerb daraus machen und die Zeit stoppen, die wir brauchen. Oder es geht darum, wer die wenigsten Züge macht.

Jess: Gute Idee! Legen wir los.

Der König

Jamie: Mir ist egal, was jemand sagt: Für mich ist der König die wichtigste Figur auf dem Brett. Er ist es, den wir unbedingt schützen müssen.

Jess: Stimmt, denn wenn er geschlagen wird, haben wir verloren. Aber darüber sprechen wir später.

Jamie: Der König ist schon ganz schön alt und kann deshalb nicht weit gehen. Deshalb müssen wir so gut auf ihn aufpassen. Denn wenn er in Gefahr gerät, kann er nicht weglaufen, sondern nur ganz langsam schlurfen.

Jess: Wenigstens ist er beweglich und kann in alle Richtungen ziehen, aber immer nur ein Feld pro Zug.

Jamie: Der König darf niemals vom Feld genommen werden, das ist gegen die Regeln. Sobald der König in Gefahr gerät, müssen wir ihn in Sicherheit bringen. Der König bleibt immer auf dem Brett.

Jess: Bedroht eine andere Figur das Feld, auf das der König ziehen will, darf er dort nicht hin. Wir müssen uns ein anderes Feld suchen, eines, das sicher ist.

Jamie: Hier ein Beispiel: Für den weißen König wird es schwierig, ein sicheres Feld zu finden, auf das er ziehen kann. Die Felder d3, d4 und d5 werden vom schwarzen Turm bedroht, also fallen die weg. Und die schwarze Dame bedroht die Felder b3, b4, b5 und c5, also kann der weiße König dort auch nicht hin. Ihm bleibt also nur noch ein einziges Feld.

Jess: Das ist eine der wichtigsten Regeln, die man zum König kennen muss. Und häufig braucht man für diese Regel am meisten Zeit.

Jamie: Außerdem gilt, dass die gegnerischen Könige NIEMALS nebeneinanderstehen dürfen. Sie hassen sich, und wenn sie sich zu nahe kommen, hören sie nicht mehr auf zu streiten.

Jess: Genau. Deshalb bleibt immer mindestens ein Feld zwischen ihnen frei.

Jamie: Weißt du, ich verwechsele ja manchmal den König und die Dame.

Jess: Dann sieh dir ihre Kronen an – auf der Königskrone ist immer ein Kreuz.

Minenalarm

Jamie: Ich kenne ein Spiel, mit dem ich lerne, wie der König zieht und wie ich dafür sorge, dass er niemals in Gefahr gerät.

Jess: Wie heißt es?

Jamie: Ich nenne es **»Minenalarm«**. Es geht darum, den König auf einem bestimmten Feld in Sicherheit zu bringen, immer einen Zug nach dem anderen. Aber es stehen gegnerische Figuren auf dem Brett – die Minen. Du darfst nicht auf eine Mine treten oder auf ein Feld, das die Mine kontrolliert, sonst zerreißt es den König in 1000 Stücke.

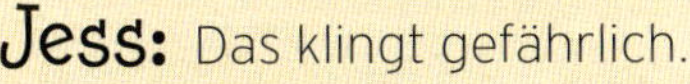

Jess: Das klingt gefährlich.

Jamie: Das ist es auch, also sei vorsichtig. Wir können die Zeit stoppen und vergleichen, wer den Weg am schnellsten findet. Hier ist ein Beispiel für eine Minenalarm-Aufstellung:

In diesem Fall sollst du den König auf Feld e8 in Sicherheit bringen.

Jess: Vielleicht baue ich mir auch ein paar eigene Minenalarm-Stellungen. Die sehen lustig aus.

Wir machen Jagd auf den König

Jamie: Jetzt, da wir alles über den König wissen und warum er so wichtig ist, schauen wir uns an, wie man ihn loswird.

Wir haben gerade gehört, dass der König nie vom Brett genommen werden darf. Wie genau wird man ihn dann los? Als Erstes lernen wir, wie man ihn bedroht.

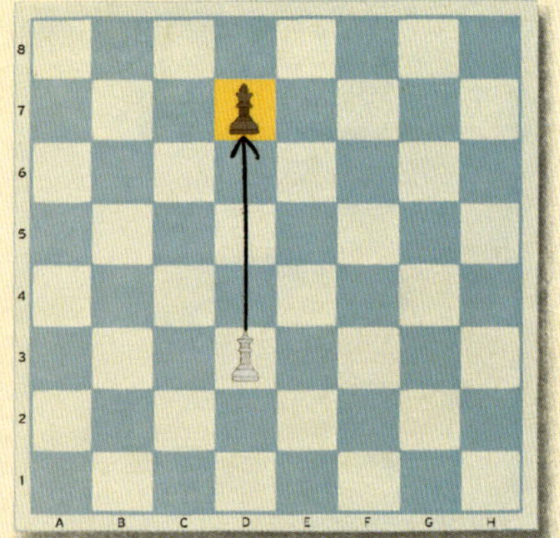

Die weiße Königin gibt dem schwarzen König *Schach*.

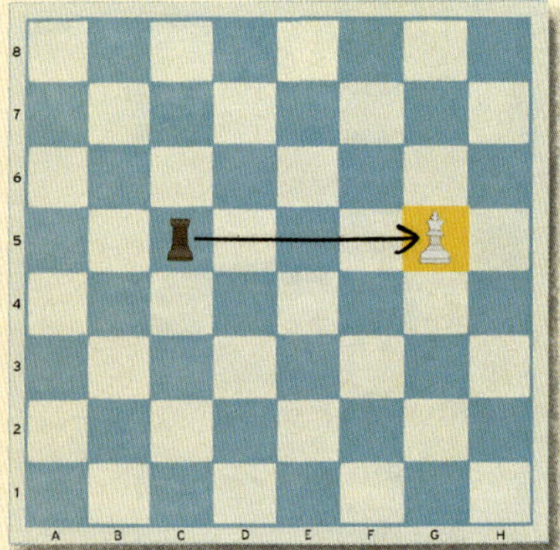

Der schwarze Turm gibt dem weißen König *Schach*.

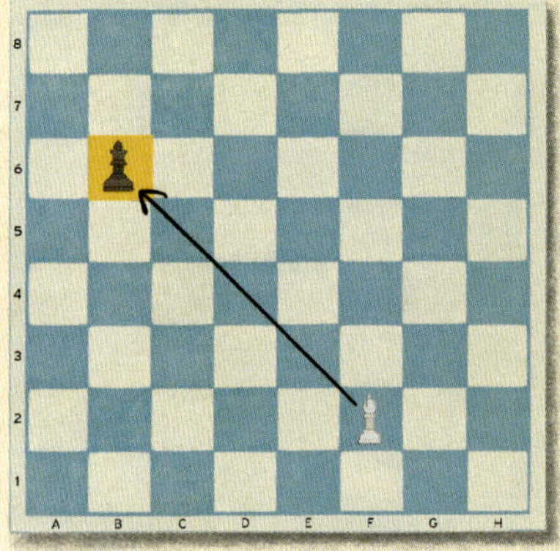

Der weiße Läufer gibt dem schwarzen König *Schach*.

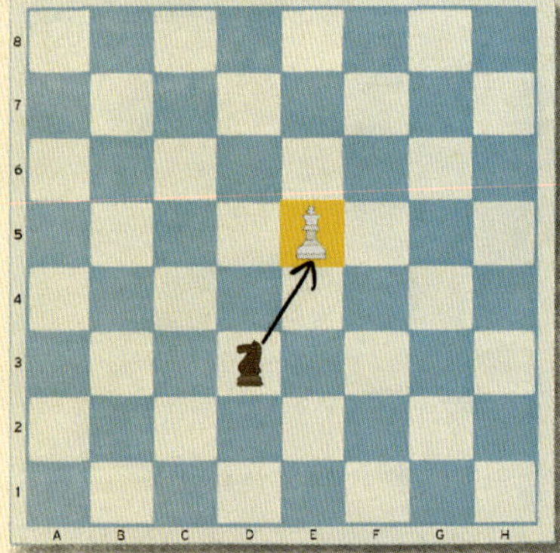

Der schwarze Springer gibt dem weißen König *Schach*.

Der weiße Bauer gibt dem schwarzen König *Schach*.

Jess: Weißt du, wie man das nennt, wenn man den König angreift?

Jamie: Klar, dann bist du der Königsmörder!

Jess: So ein Quatsch. Man sagt »den König **ins Schach stellen**«. Jede Figur außer dem König kann den gegnerischen König ins Schach stellen. Sieh dir diese Stellungen an:

Jamie: Hey, beim letzten Bild kann doch der König den Bauern schlagen. Also ist das gar kein richtiges Schach!

Jess: Der König kann den Bauern nicht schlagen, weil der von einem anderen Bauern geschützt wird. Der Bauer auf d3 verhindert, dass der schwarze König den Bauern auf e4 fangen kann. Vergiss nicht, dass der König sich nie in Gefahr bringen darf, er darf also nicht auf ein Feld ziehen, auf dem er angegriffen wird. Also Schach.

Jamie: Schach, Schach, Schach, was ist denn so wichtig daran? Ich kann doch einfach weitermachen, weil du meinen König sowieso nicht schlagen darfst!

Jess: Das geht nicht! Wenn du im Schach stehst, *musst* du deinen König in Sicherheit bringen. Er darf nicht ungeschützt stehen bleiben.

Jamie: Das heißt, wenn ich deinem König Schach gebe, habe ich gewonnen, weil ich damit drohe, ihn zu töten?

Jess: Nein, du hast nur dann gewonnen, wenn ich aus dem Schach nicht wieder herauskomme. Dafür gibt es drei Methoden. Ich merke sie mir wie das Alphabet.

A – **A**bhauen: Mach dich aus dem Staub.

B – **B**lockieren: Stell eine deiner Figuren zwischen den Angreifer und deinen König.

C – **C**atchen: Hol dir die Figur, die Schach gibt. Das muss nicht unbedingt der König machen, das kann auch jede andere Figur. Schlägst du die Figur des Gegners, dann gibt sie dem König nicht länger Schach!

Schau dir die Stellung unten an. Schwarz hat viele Möglichkeiten, aus dem Schach zu ziehen. Welche ist die beste?

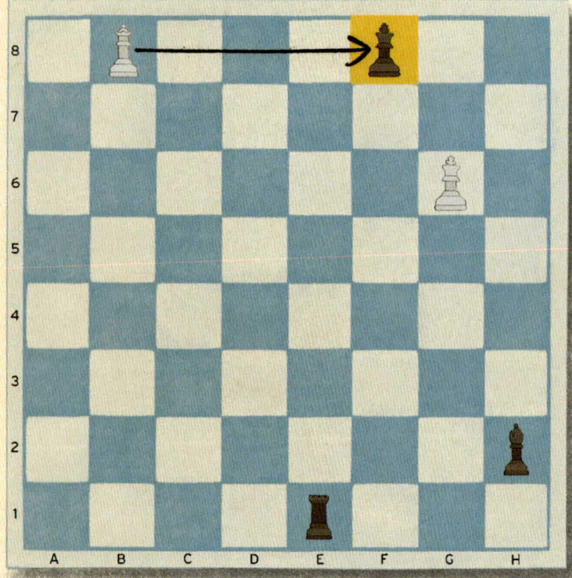

Jamie: Der schwarze König ist in Gefahr, also muss ich ihn sofort wegziehen. Das einzige Feld, auf das er gehen kann, ist e7, sonst landet er zu dicht am weißen König.

Jess: Gar nicht so schlecht, Jamie. Das ist das einzige sichere Feld. Aber denk an das **ABC**. Welche Möglichkeiten hast du noch?

Jamie: Ach, das hatte ich schon wieder komplett vergessen. Ich kann auch **B** wählen und blockieren. Der Turm kann von e1 den ganzen Weg auf e8 ziehen. Dann wehrt er das Schach ab, weil die Dame den König nicht länger bedroht. Und jetzt sehe ich, dass ich auch **C** wählen kann. Auf h2 sitzt still und leise mein Läufer, den kann ich nach ganz oben auf b8 ziehen und die weiße Dame schlagen. Ja, das mache ich!

Jess: Siehst du, denk immer an das ABC! Meistens gibt es mehr als einen Weg.

Jamie: So kann man sich wirklich gut merken, wie man aus dem Schach kommt. Das reinste Kinderspiel. Ab sofort gehe ich immer alle drei Methoden durch, wenn ich im Schach stehe, und ziehe nicht immer nur den König.

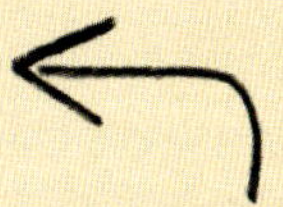

Sieh dir diese Stellung an und geh dein ABC durch. Der schwarze König kann nicht abhauen. Es sind keine weiteren Figuren auf dem Brett, also gibt es keinen Weg, das Schach zu blockieren. Und die Dame darf er nicht catchen, weil der weiße König sie deckt. Also: schachmatt!

Jamie: Jetzt weiß ich, wie ich meinen Gegner besiege. Wir nehmen den König nicht gefangen, sondern kreisen ihn ein und rücken ihm so lange auf die Pelle, bis er sich nicht mehr rühren kann. Das ist schachmatt.

Aber was ist, wenn ich nur noch den König habe, wenn er sicher ist, ich ihn aber nicht mehr bewegen kann?

Jess: Dazu kommen wir später, Jamie.

Aber sag mal: Was ist denn, wenn alles drei nicht geht? Wenn das ABC nicht funktioniert?

Jess: Tja, Jamie, das bedeutet, dass du **schachmat**t bist und die Partie verloren hast.

Bring den König in Sicherheit

Jess: Wir hatten doch gesagt, wie wichtig unser König ist und dass er immer in Sicherheit sein muss. Erinnerst du dich?

Jamie: Klar.

Jess: Es gibt einen ganz besonderen Zug, mit dem wir das besonders clever hinkriegen.

Jamie: Ja, davon habe ich gehört, aber ich weiß nicht mehr, wie das geht.

Jess: Ich geb dir einen Tipp: Wenn du diesen Zug machst, darfst du drei Regeln brechen!

1) Du darfst zwei Figuren gleichzeitig bewegen!

2) Du darfst den König zwei Felder weit ziehen!

3) Der Turm darf über den König springen oder um ihn herumgehen!

Jamie: Ach, jetzt weiß ich wieder. Das nennt man **Rochade**.

Jess: Genau. Es ein Tanz zwischen König und Turm.

Jamie: Es gibt ein paar Regeln, die festlegen, wann man rochieren darf und wann nicht. Die wichtigste: Der Weg zwischen König und Turm muss frei sein. Da darf keine Figur stehen.

Außerdem darfst du den König noch nicht bewegt haben und den Turm auch nicht. Bei dieser Stellung darf Weiß rochieren. Dazu zieht Weiß seinen König zwei Felder in Richtung des Turms, also auf g1. Noch im selben Zug überspringt der Turm den König und zieht auf f1. Das nennt man **kurze Rochade**, weil der König auf seiner Seite des Bretts bleibt.

Auch Schwarz kann in dieser Stellung rochieren, aber zur anderen Seite des Bretts. Der schwarze König zieht auf c8, zwei Felder in Richtung Turm, der Turm zieht auf d8. Das nennt man **lange Rochade**, weil der König auf die Seite zieht, auf der zuvor die Dame stand.

Nach der Rochade sieht die Stellung so aus:

Jess: Aber warum macht das unseren König sicherer als vorher?

Jamie: Normalerweise sind ja noch andere Figuren auf dem Brett und durch die Rochade wird der König durch eine Bauernreihe geschützt. Komm, ich zeig's dir. Bauen wir das Brett auf.

Jess: Okay. Ich kenne übrigens eine tolle Methode, wie man sich die richtige Aufstellung merkt.

Wie man das Brett richtig aufbaut

Jess: Als Erstes sehen wir uns ein leeres Brett an.

Jamie: Warte mal, Jess, irgendwas stimmt mit diesem Brett doch nicht.

Jess: Was meinst du? Das ist ein ganz normales Brett.

Jamie: Es ist falsch herum!

Jess: Du hast recht! Ich hatte nicht an den Merksatz »Weiße Dame – weißes Feld« gedacht.

Also ist es so herum richtig.

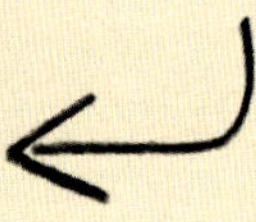

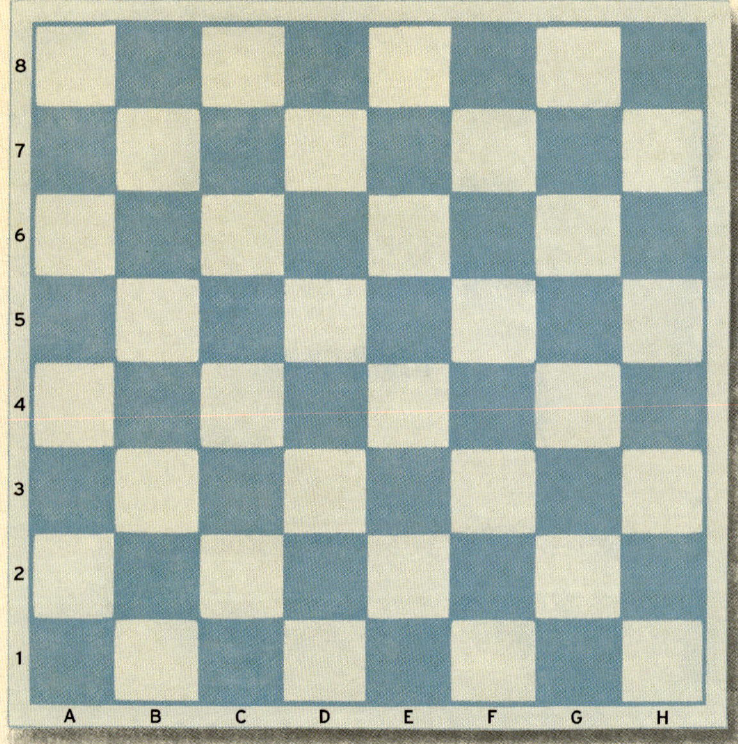

Jamie: Ich finde ja immer nur die größeren Figuren schwierig aufzustellen. Sollen wir mit denen anfangen?

Jess: Klar doch. Wir fangen mit den Türmen an. Sie stehen für die Festung, in der alle leben, deshalb gehen sie in die Ecken.

Bewacht wird die Festung von den Springern. Deshalb kommen sie neben den Turm.

Der König und seine Dame sitzen auf ihrem Thron in der Mitte der Festung. Du musst dir nur merken, wer auf welchem Platz sitzt.

Jamie: Du hast mir das so erklärt, dass die Dame sehr elegant ist und ihre Schuhe und Handtasche immer auf ihr Kleid abstimmt. Also geht sie auf das Feld in ihrer Farbe!

Jess: Korrekt. Also kommt die weiße Dame auf den weißen Thron und die schwarze auf den schwarzen. Neben ihnen sitzt der König.

Bleiben noch die Läufer. Sie sind die Berater von König und Königin, deshalb sitzen sie neben ihnen auf den letzten freien Feldern in dieser Reihe.

Die Aufstellung der großen Figuren sieht dann so aus:

Jetzt müssen wir nur noch die Bauern aufs Feld stellen. Wir haben auf Seite 17 gelernt, dass die weißen Bauern in der zweiten Reihe stehen und die schwarzen in der siebten. Jetzt siehst du die Startaufstellung:

Jamie: Wie du es erklärt hast, kann man sich das wirklich super merken, Jess. Die Aufstellung sieht genauso aus wie am Anfang des Buches.

Warum wir rochieren sollten

Jamie: Wir hatten vorhin gesagt, dass unser König die wichtigste Figur auf dem Brett ist. Und aus diesem Grund rochieren wir – um ihn in Sicherheit zu bringen.

Jess: Bleibt der König in der Mitte stehen, wird er eher angegriffen, denn dort passiert am meisten. Es ist wahrscheinlicher, dass im Zentrum Linien frei werden, auf denen dein Gegner dich angreifen kann. Nach der Rochade steht der König mehr am Rand und ist vor Gefahren viel besser geschützt.

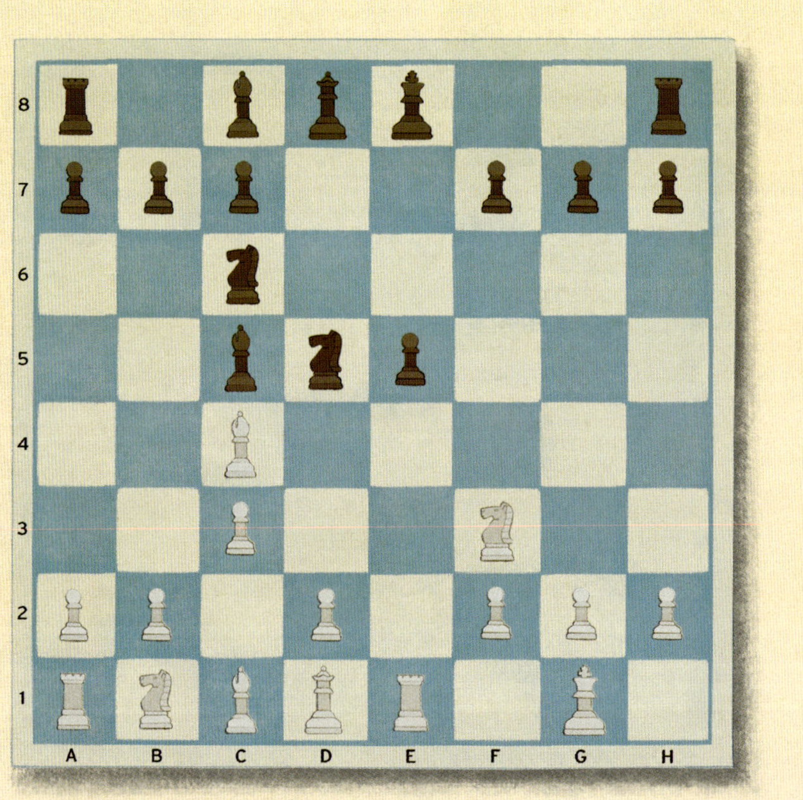

Jamie: Bei dieser Stellung wäre ich viel lieber Weiß. Weiß hat rochiert und der König wird durch drei Bauern geschützt. Bei Schwarz steht der König noch in der Mitte des Bretts und Weiß könnte das dazu nutzen, seinen Bauern auf d4 zu ziehen.

Jess: Und warum ist das gut?

Jamie: Na ja, das gucken wir uns später noch an. Es geht um **Taktik** und **Strategie**. Ziehe ich den weißen Bauern auf d4, würde mir das einige Punkte bringen. Der Zug ist eine taktische Waffe. Wenn ich rochiere und beschließe, dass diese Seite des Bretts der sicherste Ort für meinen König ist, gehört das zu meiner **Strategie**.

Jess: Taktik, Strategie ... cool, wir klingen schon wie richtige Schachprofis. Strategisch wäre es wohl nicht so gut, wenn wir nach dem Rochieren die Bauern vor dem König bewegen?

Jamie: Genau. Denn sie sollen den König schützen. Deshalb haben wir ja rochiert – um uns hinter ihnen zu verstecken. Wenn wir die Bauern wegziehen, wäre das Ganze sinnlos.

Jess: Gute Strategie!

Wann wir rochieren und wann nicht

Jamie: Wir hatten ja gesagt, zum Rochieren muss der Platz zwischen König und Turm frei sein.

Jess: Und beide Figuren dürfen noch nicht bewegt worden sein.

Jamie: Auch das, ja. Aber wann genau dürfen wir nicht rochieren? Da gibt es drei Situationen, die wir uns unbedingt merken müssen:

1) Du darfst nicht rochieren, wenn du *im Schach* stehst.

Der weiße König darf weder kurz noch lang rochieren, denn er steht im Schach. Vor dem Rochieren muss er aus dem Schach heraus. In diesem Beispiel kann man das Schach nicht blockieren und den Läufer nicht schlagen, also muss sich der König bewegen. Danach darf er nicht mehr rochieren!

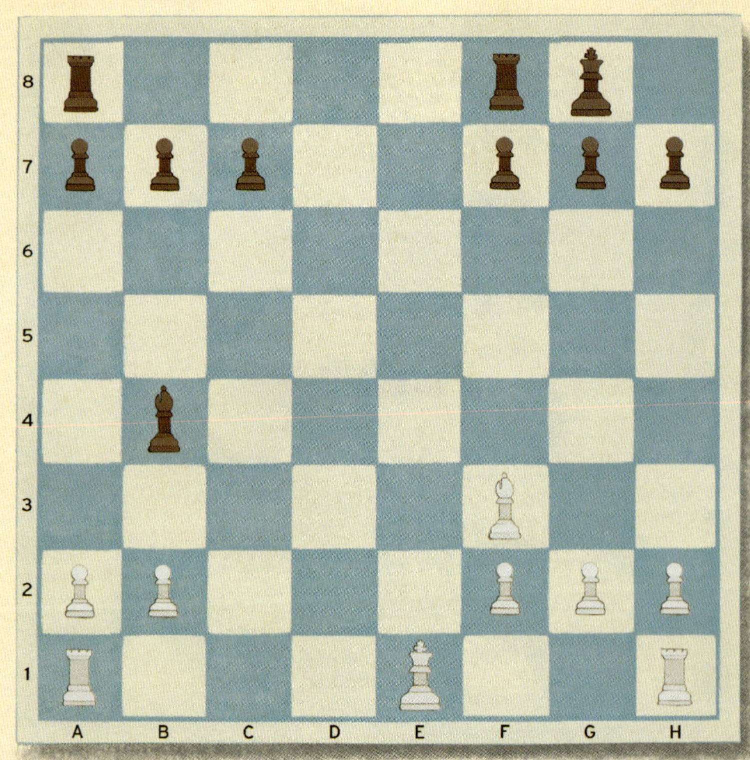

2) Du darfst nicht *ins Schach* rochieren.

Weiß würde gerne rochieren, aber g1 wird wird vom schwarzen Läufer auf c5 bedroht. Der König darf sich nie in Gefahr bringen, also darf er auch nicht ins Schach rochieren.

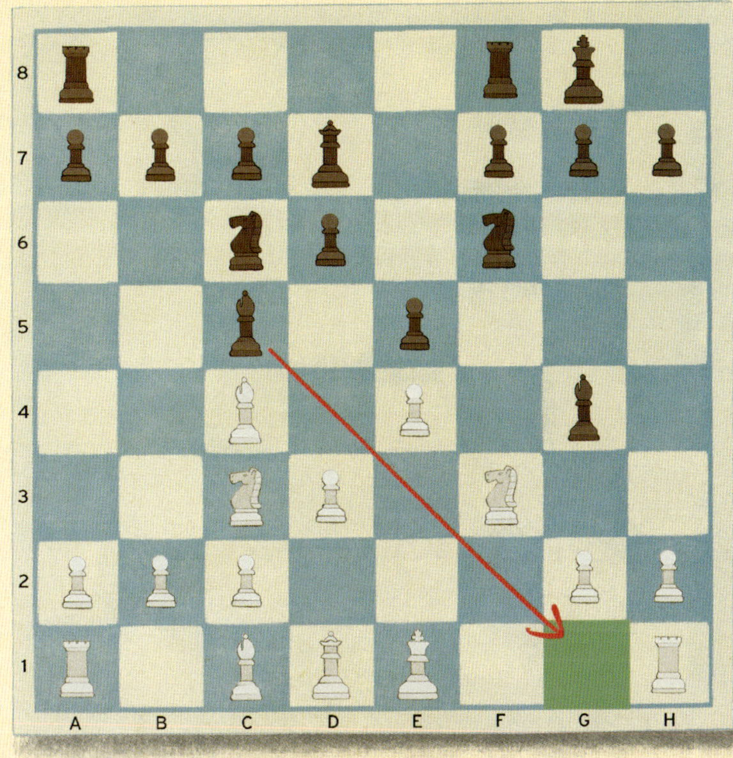

3) Du darfst nicht *durchs Schach* rochieren.

Jetzt wird es etwas kniffliger: Auch wenn der König über ein Feld ziehen muss, das von einer gegnerischen Figur bedroht wird, darf er nicht rochieren, denn er würde sich durch gefährdetes Gebiet bewegen. In diesem Beispiel darf der weiße König nicht rochieren, da der schwarze Turm f1 bedroht.

Jess: Das ist ja ganz schön viel, Jamie. Besser rochiert man so schnell wie möglich, dann muss man sich keinen Kopf mehr um diese Regeln machen!

Bauern-magie

Jamie: Müssen wir schon wieder über Bauern reden? Die hatten wir doch schon, die mag ich nicht. Die können ja nicht mal rückwärtsgehen!

Jess: Aber wir wissen noch lange nicht alles. Es gibt da noch ein paar ganz besondere Züge, die die Bauern machen können.

Jamie: Ehrlich? Was denn? Können sie rückwärtsgehen?

Jess: Nein, das weißt du doch. Aber sie beherrschen Magie!

Jamie: Oh, Magie! Die mag ich. Was machen sie damit?

Jess: Sie können einen Zug machen, bei dem ein Bauer einen anderen ganz merkwürdig schlägt. Beim ersten Mal glaubst du, dein Gegner mogelt!

Jamie: Und wie geht das?

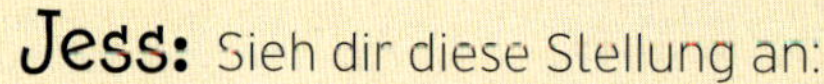

Jess: Sieh dir diese Stellung an:

Da gibt es nur einen Bauern auf dem Brett, der etwas Magisches tun kann, und das ist der Bauer auf d5. Denn um zaubern zu können, muss er auf der fünften Reihe stehen.

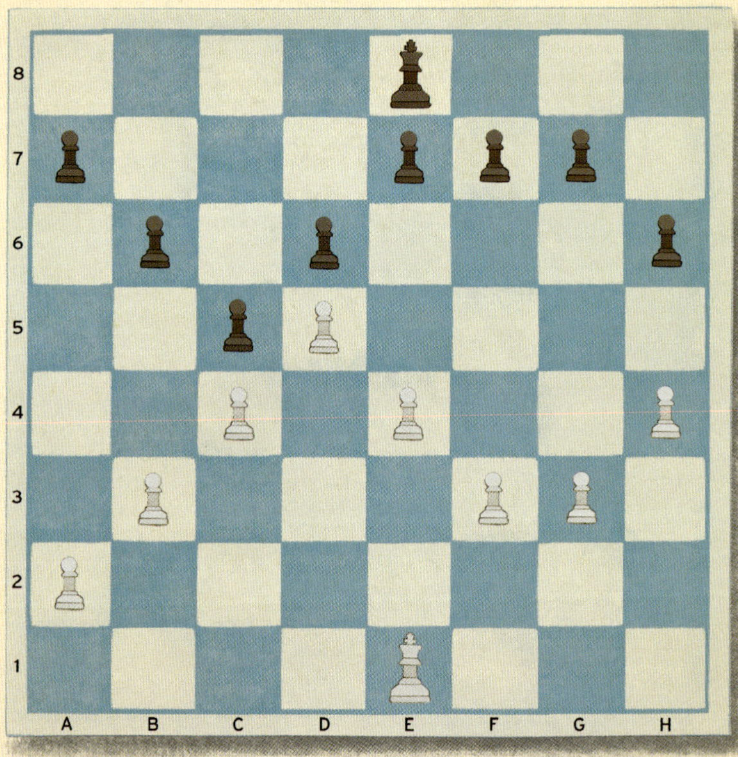

Jamie: Aber auf c5 steht doch auch noch ein Bauer.

Jess: Stimmt, ich meinte die *eigene* fünfte Reihe. Der schwarze Bauer auf c5 steht aus Sicht von Schwarz nur auf der vierten Reihe, auch wenn am Rand die Fünf steht. Es geht immer um die eigene Sicht.

Jamie: Okay, verstanden. Und was darf der Bauer in der fünften Reihe tun?

Jess: Als Belohnung, dass er die Mitte des Bretts überschritten hat, bekommt er magische Kräfte. Wenn jetzt ein gegnerischer Bauer versucht, an ihm vorbeizuziehen, indem er zwei Felder vorrückt, darf er diesen Bauern schlagen. Zieht Schwarz von e7 auf e5, darf der weiße Bauer ihn schlagen.

Jamie: Irre!

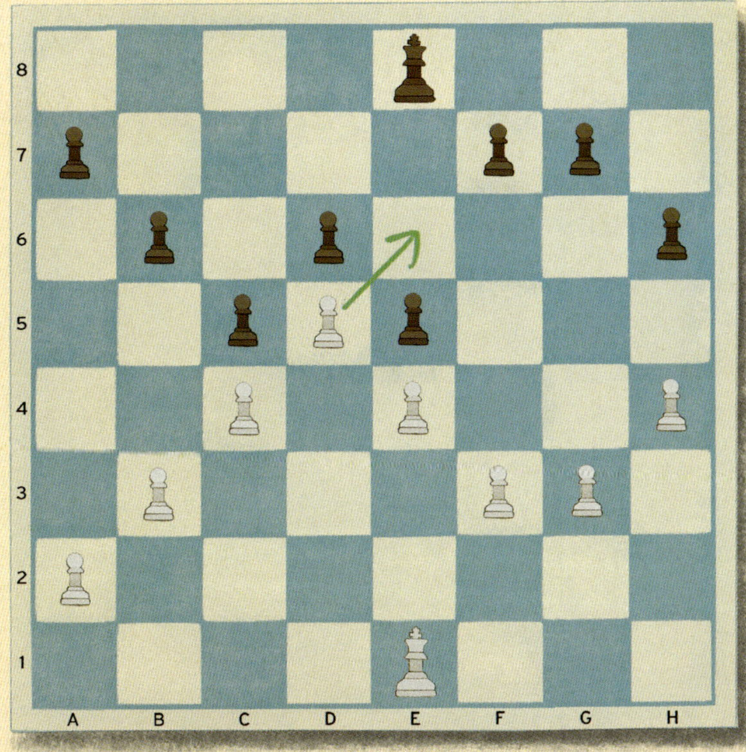

Jess: Ja, oder? Pass auf.

Sobald der schwarze Bauer auf e5 zieht, kann der weiße Bauer auf e6 gehen und den schwarzen Bauer vom Brett nehmen.

Jamie: Hey, gemogelt! Auf dem Feld ist doch gar nichts!

Jess: Das sieht aus wie gemogelt, ist es aber nicht. Man nennt das **en passant**.

Jamie: En was?

Jess: Das heißt »im Vorbeigehen«. Wenn an deinem Bauern auf Reihe 5 ein Bauer vorbeigeht, kann er diesen en passant schlagen.

En passant geht nur sofort! Machst du erst einen anderen Zug, darfst du später nicht mehr en passant schlagen.

Jamie: Oh, gut zu wissen. Und was ist mit dem Bauern auf c5? Hätte Weiß den nicht zuerst en passant schlagen können?

Jess: In dieser Stellung ist Schwarz am Zug und die En-passant-Variante geht nur unmittelbar, nachdem ein Bauer über zwei Felder gezogen ist.

Jamie: Na schön, mal sehen, ob ich en passant richtig erklären kann:

1) Mein Bauer muss auf Reihe 5 stehen.

2) Der gegnerische Bauer muss in seiner Ausgangsposition stehen, und zwar auf einer Linie direkt neben meinem Bauern. Er muss zwei Felder nach vorne ziehen und neben meinem Bauern stoppen.

3) Wenn ich beschließe, den Bauern zu fangen, tue ich so, als wäre er nur ein Feld weitergezogen. Ich ziehe also diagonal und lande ein Feld hinter ihm.

4) Das geht nur, wenn der gegnerische Bauer gerade zwei Felder nach vorne gezogen ist. Sonst habe ich die Gelegenheit verpasst.

Jess: Genau richtig! Prima!

Jamie: Jetzt brummt mir der Kopf …

Jess: Das ist auch echt nicht einfach. Lass uns das üben.

Jamie, kann in dieser Stellung irgendjemand en passant schlagen?

Jamie: Ha, das ist eine Fangfrage! Es hängt davon ab, wer am Zug ist und was im letzten Zug passiert ist.

Jess: Gut aufgepasst! Nehmen wir an, Schwarz ist am Zug und Weiß hat gerade seinen Bauern von g2 auf g4 gezogen.

Jamie: Dann kann der Bauer auf h4 ihn en passant schlagen.

Jess: Ganz genau. Welcher andere schwarze Bauer wartet auf en passant?

Jamie: Der auf d4. Zieht der Bauer von c2 oder der von e2 zwei Felder nach vorne, kann er sie schlagen.

Jess: Jetzt hast du's kapiert. Super, dann können wir weitermachen.

Jamie: Was, noch mehr?

Jess: Die **Bauernumwandlung**.

Jamie: Eine Umwandlung, soso. Wird der Bauer befördert, oder was?

Jess: Ja, kann man so sagen. Der Bauer bekommt eine neue, stärkere Position.

Jamie: Der Bauer kann also befördert werden. Wie das?

Jess: Wenn er die andere Seite des Bretts erreicht. Weil er es unverletzt an allen gegnerischen Figuren vorbeigeschafft hat, kann der Bauer in eine Figur mit höherem Wert umgewandelt werden.

Jamie: Ich würde den König wählen, denn er ist der wichtigste von allen.

Jess: Das geht leider nicht. Wählen kannst du zwischen Dame, Turm, Läufer oder Springer.

Jamie: Cool! Und trinkt der Bauer am Ende des Bretts dann einen Vielsaft-Trank oder wie läuft das ab?

Jess: Haha, jetzt reicht's aber mit Harry Potter! Du kannst dir aussuchen, was der Bauer werden soll und dann wird diese Figur anstelle des Bauern aufs Brett gestellt.

Jamie: Dann würde ich die Dame wählen, die kann am meisten. Wäre doch doof, eine andere Figur zu wählen, oder?

Jess: Nicht immer, manchmal wäre es auch nicht ratsam. Warum, erkläre ich dir später. Manchmal entscheidest du dich auch für einen Springer, denn keine andere Figur bewegt sich so, und du kannst deinen Gegner damit unter Druck setzen.

Jamie: So etwas ist doch bestimmt ganz selten, oder?

Jess: Schon, aber kommt vor. Man spricht dann von **Unterverwandlung**, weil du dich nicht für die wertvollste Umwandlung entschieden hast.

Jamie: Wertvoll?

Jess: Ja, wir hatten doch auf Seite 16 gesagt, dass die Bauern einen Punkt wert sind. Lass uns noch ein bisschen über Werte reden.

Wert der Figuren

Jamie: Ich dachte, beim Schach gibt es kein Punktsystem. Man gewinnt doch nur durch Schachmatt.

Jess: Das stimmt, aber dass jede Figuren einen eigenen Wert hat, hilft uns während der Partie. So können wir sehen, welche Figuren stärker sind und wer gewinnt.

Jamie: Ach so. Stelle ich mir das vor wie Geld? Ein Bauer zum Beispiel ist 1 Euro wert?

Jess: Ich nehme Punkte, aber nutz ruhig das, was dir am meisten hilft.

Du kannst mit Punkten rechnen oder einen Wert in Euro denken, das ist egal.

Jamie: Und was ist mit dem König?

Jess: Den können wir nicht fangen. Also geben wir ihm auch keine Punkte. Aber wir können ja sagen, der König ist so viel wert wie alle Figuren zusammen!

Jamie: Gute Idee. Jetzt kenne ich alle Werte und kann ausrechnen, wer bei unserer Partie gerade gewinnt. Was hast du bislang geschlagen, Jess?

Jess: Eine Dame, einen Turm und einen Bauern. Und du?

Jamie: Eine Dame, zwei Springer, einen Läufer und zwei Bauern.

= 1 Punkt

= 3 Punkte

= 3 Punkte

= 5 Punkte

= 9 Punkte

Ich gewinne, ätschibätsch!

Jess: Hey, nicht nett! Ich glaube, wir müssen gleich noch mal über Etikette reden.

Jamie: Was immer das ist …

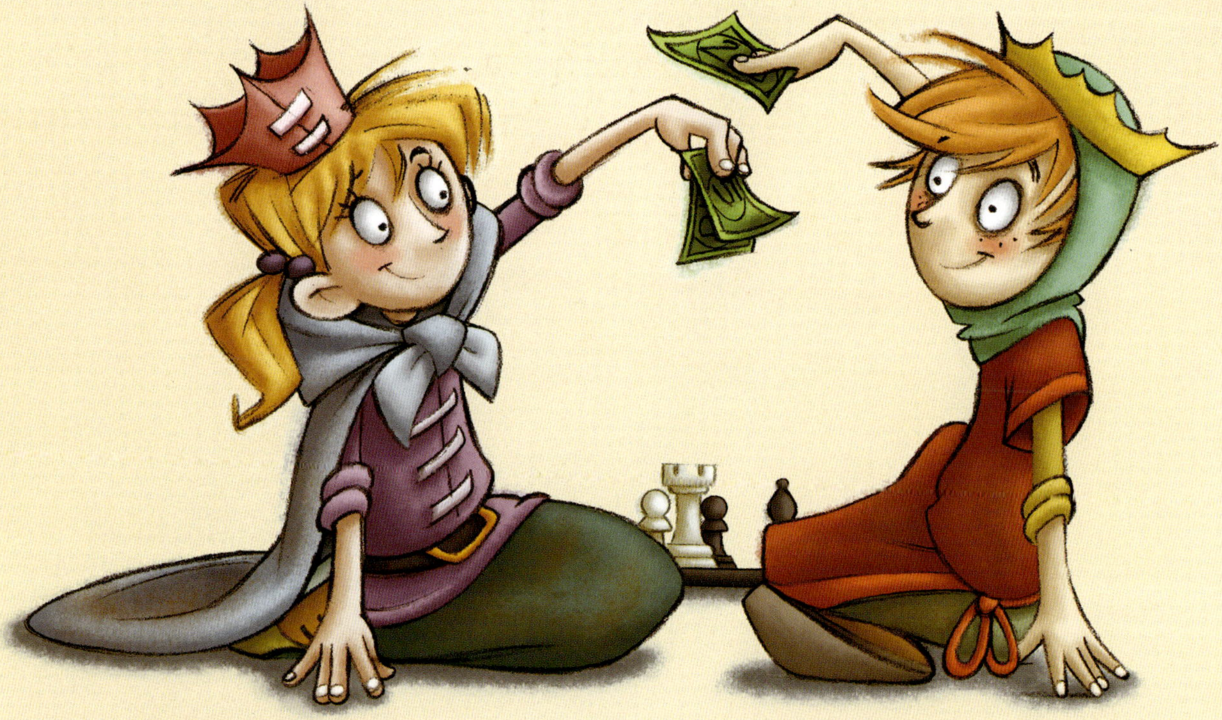

Es wird ernst!

Jamie: Jetzt sind wir bereit für eine Partie, finde ich. Die Regeln kenne ich ja alle.

Jess: Ist das so?! Na los, beweis es.

Jamie: Also gut: Ich kenne die Namen aller Figuren und weiß, wie sie sich bewegen.

Ich weiß, dass sich der Bauer niemals rückwärts bewegt, aber zwei spezielle Fähigkeiten besitzt – en passant und Umwandlung. Er ist einen Punkt wert.

Ich weiß, dass der Springer als einzige Figur andere überspringen darf und sich in L-Form bewegt. Er ist drei Punkte wert.

Ich weiß, dass der Läufer genauso viele Punkte wert ist wie der Springer. Er kann weiter ziehen als er, ist aber auf Felder einer Farbe beschränkt.

Der Turm ist fünf Punkte wert. Er kann sich in geraden Linien vorwärts, rückwärts und zur Seite bewegen.

Die Dame ist die mächtigste Figur. Sie darf in alle Richtungen ziehen, aber nicht springen. Sie ist neun Punkte wert.

Der König kann in alle Richtungen ziehen, aber weil er alt ist, schafft er es immer nur ein Feld weiter. Er ist die wichtigste Figur und wir müssen immer darauf achten, dass er nicht in Gefahr ist. Er hat keinen Punktwert, weil er nicht geschlagen werden kann.

Jess: Super, da hast du dir aber viel gemerkt.

Jamie: Warte, ich weiß noch mehr.

Wird der König angegriffen, heißt das **Schach**. Er hat drei Möglichkeiten, sich aus dem Schach zu befreien: abhauen, blockieren oder catchen, also schlagen, was ihn bedroht. Funktioniert das alles nicht und steht er weiter im Schach, heißt das **schachmatt** und die Partie ist vorbei.

Um den König so gut es geht zu schützen, können wir einen Spezialzug machen, die **Rochade**. Dabei zieht der König zwei Felder in Richtung Turm und der Turm springt über den König. Normalerweise machen wir das nur, wenn zu seinem Schutz vor dem König Bauern stehen. Wir dürfen nicht ins Schach, während des Schachs oder durch ein Schach rochieren.

Jess: Ist ja schon gut, gib nicht so an. Du weißt alles!

Jamie: Prima, dann lass uns loslegen.

Jess: Aber vorher will ich mit dir noch über dein Benehmen reden! Wenn du Schach spielst, musst du dich anständig aufführen. Man nennt das **Schach-Etikette**.

Schach-Etikette

Jamie: Etikette, was ist das? Habe ich noch nie gehört. Ist das ein Tanz? Wir müssen doch beim Spielen nicht tanzen, oder? Dann will ich nicht spielen.

Jess: Natürlich müssen wir nicht tanzen. »Etikette« bedeutet so viel wie »Regeln für gutes Benehmen« – und die solltest DU unbedingt lernen, Jamie!

Als allererstes: Vor der Partie schütteln wir uns die Hand. Das zeigt, dass wir gute Sportsleute sind. Außerdem wünschen wir uns viel Glück.

Jamie: Kein Problem. Viel Glück, Jess. Du wirst es brauchen!

Die fünf wichtigsten Regeln der Schach-Etikette

1. Bevor du mit einer Partie Schach beginnst, schüttelst du deinem Gegner die Hand und sagst: »Viel Glück.« So zeigst du, dass du ein guter Sportsmann bist.
2. Schach ist ein ruhiges Spiel, also solltest du während der Partie stillsitzen und denken, nicht quatschen oder andere Dinge tun, die deinen Gegner ablenken.
3. Die Regel »Berührt, geführt« und der Schlagzwang (siehe nächste Seite) sind immer zu beachten.
4. Am Ende schüttelst du deinem Gegenüber noch einmal die Hand – egal, wie es ausgegangen ist.
5. Habt ihr die Partie beendet, stellt ihr die Figuren wieder in der Ausgangsposition auf. So könnt ihr sehen, ob eine der Figuren fehlt, außerdem steht das Brett gleich wieder für die nächste Partie bereit.

Jess: Genau das meine ich, Jamie! Keine abfälligen Bemerkungen. Schach ist das Spiel der Könige, also benimm dich auch wie ein König.

Jamie: Dann spielen wir aber auch nach Turnierregeln. Also mit **»Berührt, geführt«**!

Jess: Mit was?!?

Jamie: Wenn du eine Figur berührst, dann musst du sie ziehen, auch wenn du das nicht wolltest. So lauten die offiziellen Regeln. Bevor du anfängst, irgendwas anzufassen, überleg dir also genau, ob du die Figur auch ziehen willst.

Jess: Ist gut. Das gilt dann auch für gegnerische Figuren, schätze ich?

Jamie: Ja, Jess. Fasst du eine meiner Figuren an und könntest sie schlagen, dann musst du es auch tun. Das heißt **Schlagzwang**. Fangen wir an? Ich will dich besiegen und dir zeigen, wer der Chef ist.

Jess: Hast du mir gerade nicht zugehört, Jamie? Das ist keine gute Schach-Etikette. Du sollst nicht angeben, wenn du gewinnst.

Jamie: Wusstest du, dass es beim Schach nicht immer Gewinner und Verlierer gibt?

Jess: Natürlich. Manchmal kann keiner gewinnen, dann gibt es ein Unentschieden. Das sehen wir uns jetzt an.

Unentschieden

Jamie: Viele kennen die **Pattsituation** als eine Form des Unentschiedens beim Schach. Sie glauben, dass jedes Unentschieden Patt heißt, aber das stimmt nicht. Ein Patt ist eine ganz spezielle Situation.

Jess: Ja, sehr speziell. Wir hatten es vorhin kurz erwähnt, aber ich habe nicht viel dazu gesagt.

Du steckst in einer Pattsituation, wenn dein König eigentlich in Sicherheit ist, ihm aber keine Felder mehr bleiben, auf die er ziehen könnte, weil er sonst ins Schach gerät.

Sieh dir die folgende Stellung an:

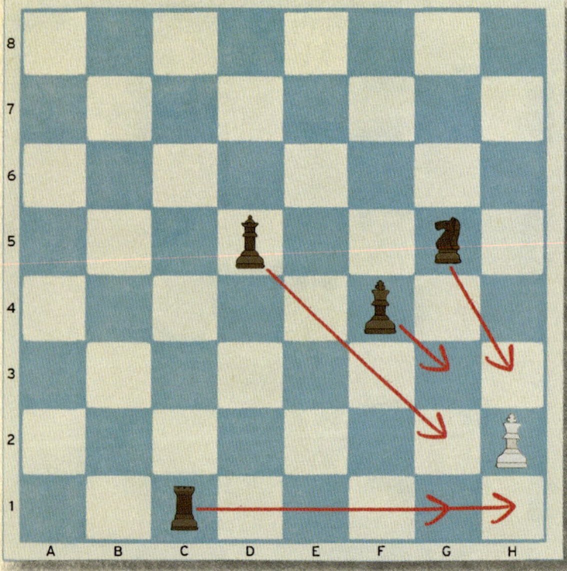

Der König kann sich nicht mehr bewegen, weil die schwarzen Figuren alle Felder um ihn herum abdecken und er sich nicht ins Schach bewegen darf. Aber man sieht auch, dass der König da, wo er steht, absolut sicher ist. Niemand greift ihn an! Also warum darf er nicht einfach stehenbleiben?

Jamie: Genau! **Schachmatt** ist ja nur, wenn du den König gefangen hast. Aber du musst ihn gleichzeitig bedrohen, ansonsten ist es ein Patt.

Jess: Und das heißt, du gewinnst nicht. Du brauchst ein Matt, um zu gewinnen. Ein Patt ist nur ein Unentschieden. Wenn du in dieser Situation Schwarz bist, ist das nicht so gut für dich, denn du bringst dich um die Punkte, die du für einen Sieg bekommen hättest. Bist du dagegen Weiß, hast gerade noch mal Glück gehabt.

Jamie: Hier ein Tipp: Wenn ich dabei bin, deutlich zu gewinnen, sollte ich versuchen, die ganze Zeit Schach zu sagen und so ein Patt zu vermeiden. Wenn dem König dann keine Felder mehr bleiben, weiß ich, dass es Matt ist und nicht Patt.

Jess: Richtig, aber du solltest nicht ständig mit derselben Figur Schach sagen, sonst kann das zu einer anderen Art von Unentschieden führen. Nutze mehrere Figuren. Das macht es einfacher, mehr vom Brett abzudecken.

Jamie: Was für eine andere Art meinst du?

Jess: Man sagt **Stellungswiederholung** dazu. Es ist ziemlich verwirrend und viele Spieler machen das gerne falsch. Einfach gesagt: Wird im Laufe einer Partie eine Stellung drei Mal wiederholt, endet die Partie unentschieden.

Jamie: Klingt ziemlich einfach!

Jess: Ich bin ja auch noch nicht fertig. Es bedeutet nämlich, wir haben ein Unentschieden, wenn dieselbe Stellung drei Mal während einer Partie vorkommt und jedes Mal derselbe Spieler am Zug ist. Das heißt, du musst dir sämtliche Stellungen merken, damit du weißt, ob es sie schon gab!

Jamie: Das hört sich mega-kompliziert an!

Jess: Ist es auch. Normalerweise wiederholen sich die Stellungen aber rasch, deshalb tritt dieser Fall meistens auf, wenn dieselben Züge dreimal hintereinander gemacht werden.

Jamie: Verstehe. Ich dachte, es ist unentschieden, wenn einer dreimal hintereinander denselben Zug macht, ganz egal, was der Gegner zieht.

Jess: Stimmt nicht, aber das glauben viele. Überleg doch: Wenn das so wäre, könnte jeder ein Unentschieden herbeiführen und niemand würde je verlieren!

Unentschieden gibt es auch, wenn man ganz viel Schach gibt - das ist dann **Dauerschach**. Eine Seite sagt ständig Schach, die andere Seite kann das nicht stoppen. Wenn das ewig so weitergehen könnte, wird die Partie zum Unentschieden erklärt.

Jamie: Das ist interessant. Und was gibt es noch?

Jess: Was, wenn die Könige blank auf dem Feld stehen?

Jamie: Blank? Das klingt aber ungezogen. Haben sie nichts an?

Jess: Jamie! Das meine ich nicht! »Blank« heißt, dass nur noch zwei Könige auf dem Brett stehen. So wie hier:

Jamie: Verstehe. Ja, das ergibt Sinn. Die Könige dürfen nicht nebeneinanderstehen und es gibt keine anderen Figuren mehr. Da kann es kein Schachmatt geben.

Jess: Eben. In so einer Stellung endet die Partie also unentschieden.

Jamie: Manchmal ist noch eine weitere Figur auf dem Brett, aber es ist trotzdem ein Unentschieden.

Jess: Ja. Zum Beispiel wenn du noch einen Springer oder Läufer hast. Mit nur einem Läufer oder Springer kann man nicht mattsetzen.

Sieh dir diese Stellung an. Fast schachmatt, aber der weiße König kann auf b1 ziehen. Egal, was ich versuche, der König lässt sich mit nur einem Läufer nicht mattsetzen.

Jamie: Dasselbe gilt beim Springer. Siehst du?

Wenn das passiert, sprechen Experten von **fehlendem Mattmaterial**.

Jess: Und wenn nur noch ein Bauer da ist, wäre das auch fehlendes Mattmaterial, richtig?

Jamie: Falsch! Der Bauer kann das Ende des Bretts erreichen und sich magisch in eine Dame oder einen Turm verwandeln. Und die können mattsetzen.

Jess: Auch wieder wahr! Was gilt dann noch als fehlendes Mattmaterial?

Jamie: Knifflig wird es, wenn du mit zwei Springern gegen einen König spielst.

Jess: Was ist da knifflig? Ich wette, ich finde eine Matt-Stellung mit zwei Springern.

Siehst du? Fertig. Schachmatt. Das war doch nicht schwierig..

Jamie: Das Schwierige daran ist, dass du deinen Gegner nicht in diese Position zwingen kannst. Solange er sich nicht versehentlich in die Ecke drängen lässt, wirst du ihn niemals mattsetzen können.

Jess: Ach, wie ärgerlich. Also zählt das auch als Beispiel für fehlendes Mattmaterial?

Jamie: Zwei Springer reichen an sich aus, insofern ist es kein Unentschieden wegen fehlenden Mattmaterials.

Jess: Und wie wird es dann zum Unentschieden?

Jamie: Weil der Spieler mit den beiden Springern kein Matt erzwingen kann, falls sein Gegner nicht schläft oder unbedingt verlieren will.

Jess: Verstehe ich nicht. Können Sie nicht einfach immer weiter spielen?

Jamie: Das verhindert die **50-Züge-Regel**.

Jess: Was ist das denn? Das hast du dir doch gerade ausgedacht.

Jamie: Quatsch, natürlich nicht. Die Regel verhindert, dass Partien ewig dauern. Sie tritt in Kraft, wenn jeder Spieler 50 Züge gespielt hat, ohne dass ein Bauer bewegt oder eine Figur geschlagen wurde. Dann wird die Partie als unentschieden gewertet.

Jess: Das soll vermutlich verhindern, dass die Spieler den ganzen Tag sinnlos hin und her ziehen.

Jamie: Genau. Ein Grund mehr, warum du lernen solltest, wie man mattsetzt. Schließlich hast du nur eine begrenzte Zahl von Zügen zur Verfügung.

Jess: Dann sollten wir später unbedingt noch darüber sprechen. Zu viel Unentschieden auf einmal macht mich müde. Weißt du, wie man auch schnell zum Unentschieden kommt?

Jamie: Nein, wie denn?

Jess: Indem man es seinem Gegner anbietet!

Jamie: Aber klar. Das ist definitiv der schnellste Weg ... natürlich nur, wenn dein Gegner annimmt.

Jess: Richtig. Vielleicht sagt er nein, weil er glaubt, er gewinnt. Dann muss die Partie weitergespielt werden.

Jamie: Ich glaube, wir haben viel gelernt, Jess! Und wir haben fast alles besprochen, was man über Schach wissen muss.

Jess: Auf jeden Fall. Jetzt können wir eine schöne Partie spielen.

Jamie: Im nächsten Teil des Buches reden wir dann über Turniere und Wettbewerbsschach. Mein Lieblingsthema!

Jess: Gute Idee. Wir verraten alle Tricks, die man für den Wettkampf braucht.

Jamie: Yippie!!!

Schachturniere

Jess: Man kann ganz schön Angst bekommen, wenn man das erste Mal an einem Schachturnier teilnimmt. Das ist völlig anders, als wenn man mit den Eltern oder Freunden spielt.

Jamie: Ja, alle Kinder wollen gewinnen und man weiß nicht, wie gut sie sind.

Jess: Einige spielen schon ganz lange und haben jede Menge Preise gewonnen.

Jamie: Einige kommen sogar mit eigenem Trainer und sind super ernst.

Jess: Und einige sind gemein zu Mädchen.

Jamie: Das tut mir leid, Jess. Jungs sind manchmal gemein.

Jess: Ja, das sind sie.

Jamie: Deshalb erzählen wir auch allen, was wir wissen … wie man mit den Blödianen umgeht und welche coolen Tricks wir auf Turnieren gelernt haben.

Jess: Turniere machen super viel Spaß, wenn man gut vorbereitet ist.

Jamie: Man dann dort echt klasse Pokale gewinnen!

Jess: Manchmal auch Geld!

Jamie: ICH LIEBE SCHACHTURNIERE!

Jess: Ich auch. Zeigen wir unseren Freunden, was wir gelernt haben.

Turnierschach

Jess: An mein erstes Schachturnier erinnere ich mich gut. Hatte ich eine Angst!

Jamie: Warum?

Jess: Ich hatte keine Ahnung, wie alles ablief und wo ich hinmusste. Alles war voll mit Leuten, die ich nicht kannte, und ich habe ganz oft verloren.

Jamie: Ich glaube, das ist oft so beim ersten Turnier. Die meisten sind total eingeschüchtert. Ich glaube, am besten versucht man einfach, Spaß zu haben und sich keinen Kopf zu machen.

Jess: Das hättest du mir sagen müssen, bevor ich zu meinem ersten Turnier ging. Wie war es bei dir, Jamie?

Jamie: Mein erstes Turnier war super. Ich habe die meisten Partien gewonnen und die anderen Jungs heulten, als sie verloren. Und sie haben nicht mal gemerkt, dass ich ihnen Figuren geklaut und sie versteckt habe!

Jess: WAS?! Das darfst du nicht!

Jamie: Wieso nicht?!

Jess: Das verstößt gegen die Etikette.

Jamie: Du mit deiner doofen Etikette.

Jess: Du musst dich schon richtig benehmen, Jamie! Du darfst nicht versuchen, deinen Gegner abzulenken. Stell dir vor, ich würde ständig Grimassen ziehen. Kannst du dich da noch konzentrieren?

Und heimlich Figuren vom Brett nehmen, das geht gar nicht. Das ist Mogeln!

Jamie: Oh.

Jess: Eben. Und ich hoffe, du machst das nie wieder!

Jamie: Sie hätten mich ja auch ignorieren können oder den Schiedsrichter rufen.

Jess: Oder es war auch für sie das erste Turnier und sie wussten nicht, was sie tun sollen.

Jamie: Am besten ist: Wenn dich auf einem Turnier jemand aus dem Konzept bringt oder du wegen irgendwas unsicher bist, dann heb sofort die Hand und ruf einen Schiedsrichter. Die können helfen.

Jess: Das ist ein guter Tipp. Meistens sind Erwachsene in der Nähe. Du kannst sie auch bitten, bei deiner Partie zuzusehen. Oder wenn du eine Regel nicht weißt – frag einfach.

Jamie: Ich glaube, bei mir hat jemand mit diesem Uhrendings gemogelt.

Jess: Du meinst die Schachuhr?

Jamie: Ja, die haben dran rumgespielt, hatten immer die Hand drauf oder dahinter.

Jess: Das klingt nicht gut. Das sollte nicht sein. Da musst du unbedingt den Schiedsrichter rufen.

Jamie: Es gibt doch bestimmt Regeln für den Umgang mit der Schachuhr.

Jess: Klar doch. Du hast an der Uhr überhaupt nichts zu suchen, sofern du sie nicht gerade drückst. Und das geschieht mit der Hand, mit der du gezogen hast.

Jamie: Wenn ich meine Figur mit der rechten Hand bewege, muss ich die Uhr auch mit rechts drücken?

Jess: Ganz genau. Und danach bleibt sie nicht auf der Uhr liegen. Es dürfen nicht beide Spieler gleichzeitig die Uhr berühren.

Jamie: Ich finde das mit der Uhr gar nicht so einfach. Ich weiß immer nie, wann die Zeit knapp wird.

Jess: Das siehst du, wenn die kleine Fahne auf der Uhr nach oben steht.

Jamie: Ja, stimmt. Normalerweise denke ich nach, während mein Gegner auch nachdenkt. Dann wird die Zeit nicht knapp.

Jess: Guter Plan. Wenn du es schaffst, dich zu konzentrieren, auch während du nicht dran bist, hast du mit der Zeit kein Problem.

Jamie: Eben. Das ist alles wieder Teil der Schachstrategie.

Jess: Aber am wichtigsten ist: Jedes Mal, wenn du auf einem Turnier spielst, musst du versuchen, aus deinen Fehlern zu lernen. Die Welt geht nicht unter, wenn du verlierst, auch wenn es dich ärgert. Aber es heißt, dass du noch ganz viel lernen kannst.

Jamie: Aber ich verliere nicht gern.

Jess: Wer tut das schon! Aber wenn man sich klar macht, dass auch die Niederlage unser Schach verbessert, dann werden wir durch sie bessere Spieler.

Jamie: Ja, du hast recht.

Schachsprache

Jess: Erinnerst du dich noch an den Anfang des Buchs, so ab Seite 10? Da haben wir über Bezeichnungen gesprochen und die Sprache, die die Spieler benutzen.

Jamie: Natürlich! Es ging um die Koordinaten.

Jess: Das Thema sollten wir noch mal durchgehen und ganz genau erklären, wie man eine Schachpartie aufzeichnet.

Jamie: Wenn ich mich richtig erinnere, ging es um Linien, Reihen, Diagonalen und die Postleitzahl für jedes Feld.

Jess: Stimmt, aber wenn man eine Schachpartie aufzeichnet, braucht man eine Art Code, mit dem man auch die Züge aufzeigen kann.

Jamie: Und warum das Ganze?

Jess: Dafür gibt es viele Gründe! Wenn du zum Beispiel verstehen willst, wovon die Profis reden, wenn sie Schachsprache sprechen, musst du kapieren, wie die **»Schachnotation«** funktioniert.

Oder kann es passieren, dass dein Gegner nicht ehrlich spielt und versucht zu mogeln. So wie du vorhin, Jamie!

Jamie: Hör auf, das ist mir echt unangenehm.

Jess: Es kann auch etwas völlig Harmloses sein: Vielleicht hast du vergessen, wer am Zug ist oder wo welche Figur stand.

Jamie: Das sind wirklich gute Gründe, wenn du mich fragst.

Jess: Allen Figuren wird ein bestimmter Buchstabe zugewiesen, damit wir wissen, wann welche gezogen wurde. Die Buchstaben sind leicht zu merken:

Turm = **T**
Läufer = **L**
Dame = **D**
König = **K**
Springer = **S**

Jamie: Das ist ja einfach, aber du hast den Bauern vergessen, oder?

Jess: Auch super einfach: Wenn der Bauer zieht, verwendet man nur die Koordinaten des Felds.

Jamie: Das klingt sinnvoll. Und wenn ich eine Partie kommentieren will, wie geht das?

Jess: Notationen stehen vor allem in Büchern. Wenn wir unsere eigenen Partien spielen, müssen wir sie nicht aufschreiben. Es gibt auch Symbole, die beschreiben, was die Autoren und Kommentatoren von bestimmten Zügen halten. Das hier zum Beispiel sind die wichtigsten:

Guter Zug = **!**
Schlechter Zug = **?**
Hervorragender Zug = **!!**
Patzer = **??**
Interessanter Zug = **!?**
Fragwürdiger Zug = **?!**

Jamie: Was ist mit »Patzer« und »fragwürdig« gemeint?

Jess: Ein Patzer ist ein Zug, durch den du Figuren verlierst oder der ein Fehler war, weil danach etwas Schlimmes passiert. »Fragwürdig« heißt nur, dass der Zug nicht wirklich cool war. Vielleicht verlierst du keine Figur, aber der bestmögliche Zug war es nicht.

Jamie: Ah, verstehe. Von meinen Zügen sind ganz schön viele fragwürdig! Und wenn man nach einem Zug die Stellung bewerten will, welche Symbole gibt es da?

Jess: Diese Symbole sind total wichtig, denn heute läuft beim Schach ganz viel mit Computern. Computer drücken über Symbole aus, wer ihrer Berechnung nach in einer Stellung besser dasteht. Hier ein paar davon:

Leichter Vorteil für Weiß **+/=**
Leichter Vorteil für Schwarz **=/+**
Vorteil für Weiß **+/-**
Vorteil für Schwarz **-/+**
Weiß gewinnt **+-**
Schwarz gewinnt **-+**
Ausgeglichen **=**
Unklar **∞**
Mit Kompensation **=/∞**

Jamie: Was bedeutet »mit Kompensation«?

Jess: Das heißt, dass du hinten liegst, was das Mattmaterial angeht, meistens ein, zwei Bauern, aber trotzdem gut dastehst und noch viel erreichen kannst. Man spricht von »Kompensation«, weil du das verlorene Material noch kompensieren, also ausgleichen kannst.

Jamie: Das ist großartig. Jetzt kann ich ganz viele Bücher und Magazine über Schach lesen und richtig, richtig gut werden!

Gut in die Partie starten

Jamie: Wenn ich Schach spiele, fange ich möglichst gut an. Damit mache ich gleich von Anfang an einen guten Eindruck.

Jess: Ich genauso. Eine Partie besteht ja grob aus drei Abschnitten: **Eröffnung**, **Mittelspiel** und **Endspiel**. Wir geben euch Tipps, was ihr in diesen Abschnitten beachten sollt.

Jamie: Fangen wir mit der Eröffnung an. Es gibt da ein paar Dinge, die ich bei der Spieleröffnung immer mache.

Als Erstes versuche ich, die Kontrolle über das Zentrum zu gewinnen. Deshalb ziehe ich den Bauern vor meinem König zwei Felder nach vorn. Wenn mein Gegner es zulässt, ziehe ich auch den anderen Bauern zwei Felder.

Jess: Mein Motto lautet: »Wer die Mitte kontrolliert, kontrolliert die Partie.« In der Mitte des Bretts passieren alle wichtigen Dinge.

Jamie: Als nächstes bringe ich auch meine Leichtfiguren in die Mitte.

Jess: Was meinst du denn mit **Leichtfiguren**? Waren die gerade auf Diät und wiegen jetzt weniger, oder was?

Jamie: Nein! Leichtfiguren nennt man die Springer und die Läufer, weil sie nicht ganz so viel wert sind. Schwerfiguren sind die Türme und die Dame.

Jess: Gut, das habe ich kapiert.

Jamie: Ich ziehe also erst die Leichtfiguren und schicke sie alle in die Mitte. Das sieht dann etwa so aus:

Jess: Cool! Und wie viele Felder du kontrollierst!

Jamie: Ja, darum geht es! Jetzt muss ich nur noch dafür sorgen, dass mein König geschützt ist.

Jess: Du musst rochieren!

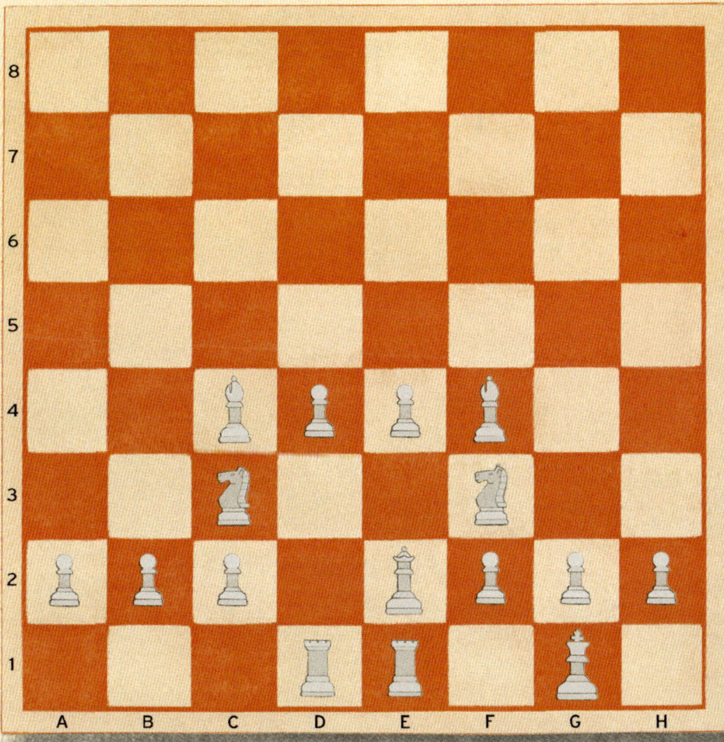

Jamie: Ich rochiere und verbinde meine Türme.

Jess: Was heißt verbinden?

Jamie: Ich mache den Weg zwischen ihnen frei, sodass sie sich gegenseitig schützen. Dann bringe ich sie ebenfalls ins Zentrum. Die ideale Position ist so:

Jess: Mann, sicht das cool aus. Wie eine Armee, die sich bereit macht, loszustürmen. Perfekt aufgestellt.

Jamie: Ja. Man nennt sie auch **Stierkopf**, weil die Anordnung der Figuren an einen Stierkopf erinnert. Manchmal stehen die Läufer auch auf b5 und g5.

Jess: Aber niemand lässt dich ungestört so ziehen. Dein Gegner wird dich mit aller Macht daran hindern und selbst versuchen, seine Figuren so in Stellung zu bringen.

Jamie: Deshalb ist die Eröffnung wie ein Wettrennen, bei dem du versuchst, deine Figuren schnellstmöglich gut in Position zu bringen. Klappt das nicht, belegt dein Gegner alle guten Felder.

Jess: Als ob die Figuren in den Startblöcken stehen und auf den Startschuss warten!

Jamie: Egal, wie du es dir vorstellst, eins musst du dir merken: Wer am besten in die Partie startet, dem bieten sich im Mittelspiel die besseren Möglichkeiten.

Mathe-matik

Jess: Wir hatten doch vorhin über den Punktwert der Figuren gesprochen.

Jamie: Klar. Der Bauer ist einen Punkt wert, Läufer und Springer drei Punkte, der Turm fünf Punkte und die Dame neun Punkte.

Jess: Das solltest du im Hinterkopf behalten, damit du während der Partie immer weißt, wie du dastehst. Während einer Partie spielt Schachmathematik eine wichtige Rolle.

Jamie: Ich finde es gut, Figuren zu schlagen. Ich nehme sie dem Gegner weg und baue am Rand des Bretts ein kleines Gefängnis.

Jess: Meine kriegst du nicht so schnell, denn ich lasse sie nie **ungeschützt**!

Jamie: Wie meinst du das?

Jess: Meine Figuren werden immer von anderen gedeckt. Wenn mein Gegner sie angreift, gewinnt er nichts. Ich denke mir immer: **Jede Taktik hat ihren Auslöser in einer ungeschützten Figur.**

Jamie: Was meinst du mit Taktik?

Jess: Das ist wie ein Trick. Wir sprechen nachher darüber.

Jamie: Wenn ich auf der Suche nach Figuren bin, die ich schlagen kann, schaue ich, ob es irgendwo ungeschützte Figuren gibt. Profis reden von »hängenden Figuren«. Du kriegst jede Menge Punkte, dein Gegner keine. Also: Steht eine gegnerische Figur irgendwo allein herum, schnapp sie dir.

Jess: Manchmal kannst du eine Figur auch schlagen, die geschützt ist. Dann wirst du auch geschlagen. Das ist nicht schlimm, solange du eine Figur verlierst, die genauso viele oder weniger Punkte wert ist als die, die du geschnappt hast.

Jamie: Ich denke, das habe ich verstanden. Schlage ich einen Läufer und mein Gegner kann dafür einen Läufer oder einen Springer schlagen, dann sind wir gleich.

Jess: Genau, das nennt man einen **Abtausch**.

Jamie: Und wenn ich einen Läufer schlage, mein Gegner aber nur einen Bauern?

Jess: Das ist ein **vorteilhafter Abtausch**.

Jamie: Weil ich drei Punkte gewinne und mein Gegner nur einen einzigen?

Jess: Ja. Solange du bei einem Abtausch mehr Punkte bekommst, ist das ein Vorteil. Aber natürlich geht es nicht nur um Punkte, es kommt auch immer auf die Stellung an.

Das Schäfermatt

Jamie: Wenn man viel Schach spielt, dann fällt einem auf, dass es bestimmte Fallen gibt, die einem die Gegner manchmal stellen. Ganz klassisch ist das **Schäfermatt**, weil es so schnell geht.

Jess: Ist das dieses »Schachmatt in vier Zügen«?

Jamie: Ja, ganz genau. Offiziell heißt es Schäfermatt und es fallen meist nur Spieler darauf rein, die Schach erst gerade lernen.

Jess: Besonders gefährlich ist dieser Trick deshalb, weil es zu Beginn der Partie in der Nähe des Königs eine echte Schwachstelle gibt, die sich ziemlich leicht angreifen lässt. Ist der Druck hoch genug, kann das Ganze ziemlich böse enden.

Die Schwachstelle ist f7:

Jamie: Ich sage immer, am Anfang der Partie ist dieses Feld die **Achillesferse** auf dem Schachbrett. Die Achillesferse von Weiß ist f2.

Jess: Warum Achillesferse?

Jamie: Weißt du nicht, wer Achilles ist?

Jess: Irgendein griechischer Held oder so.

Jamie: Er war einer der größten Krieger aller Zeiten. Er war unsterblich, weil ihn seine Mutter als Baby in einen Fluss getaucht hat, dessen Wasser unsterblich macht. Dabei hielt sie ihn an der Ferse und diese Stelle wurde nicht nass. Nur an diesem Punkt war Achilles verwundbar – das war seine Schwachstelle.

Jess: Jetzt verstehe ich, was du meinst. Die Schacharmee ist überall stark, aber am Anfang einer Partie sind f2 und f7 schwach – Achillesfersen eben.

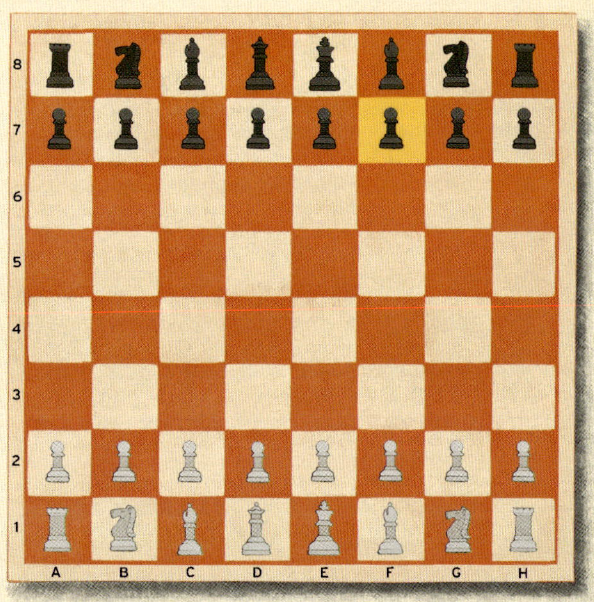

Jamie: Genau. Und so ist er auch gestorben. Er wurde in einer Schlacht von einem Pfeil in der Ferse getroffen. Das war ganz traurig.

Jess: Wenn es irgendwo Schwachstellen gibt, dann schlägt der Gegner dort zu.

Jamie: Ja, genau das passiert beim Schäfermatt – die Dame und der Läufer stürzen sich gemeinsam auf f7.

Jess: Und warum fallen immer wieder Leute darauf herein?

Jamie: Weil es so schnell geht. Man muss noch nicht mal groß Fehler machen. Du denkst, deine Züge sind in Ordnung, und dann, zack, bist du schachmatt.

Jess: Das will ich aber jetzt mal sehen.

Jamie: Normalerweise fängt es so an:

Jess: Beide Seiten versuchen, die Mitte zu kontrollieren. Völlig vernünftig.

Jamie: Genau. Als nächstes bringen wir unsere Leichtfiguren ins Spiel und steuern sie Richtung Mitte.

Jess: SPRINGER AM RAND BRINGT KUMMER UND SCHAND'.

Jamie: Wie bitte?

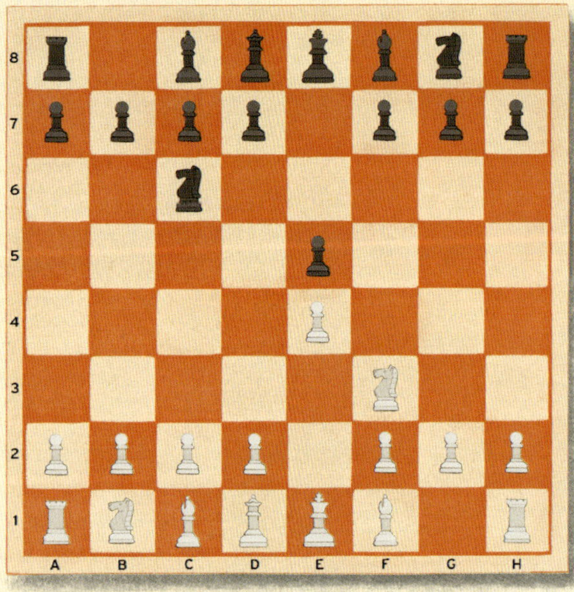

Jess: Ein Merksatz, der dich daran erinnern soll, deine Springer immer in die Mitte des Bretts zu lenken und nicht an den Rand.

Jamie: So beginnen viele gute Spieler, aber beim Schäfermatt läuft es anders. Um in vier Zügen mattsetzen zu können, holen wir als Erstes den Läufer heraus, um die Achillesferse anzugreifen.

Jess: Da ist er und bedroht f7!

Jamie: Normalerweise zieht Schwarz jetzt einen Springer auf c6 oder f6. Ich ziehe ihn hier auf c6. Dann zieht Weiß seine stärkste Figur, die Dame.

Jess: Ich weiß wohin – auf f3!

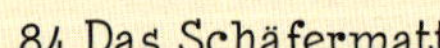

Jamie: Nein, leider falsch. Warum das so ist, siehst du gleich. Also, wir ziehen die Dame stattdessen auf h5.

Jess: Oh nein, sie bedrohen beide die Achillesferse. Wenn die Dame den Bauern auf f7 schlägt, bedeutet das **Schachmatt**!

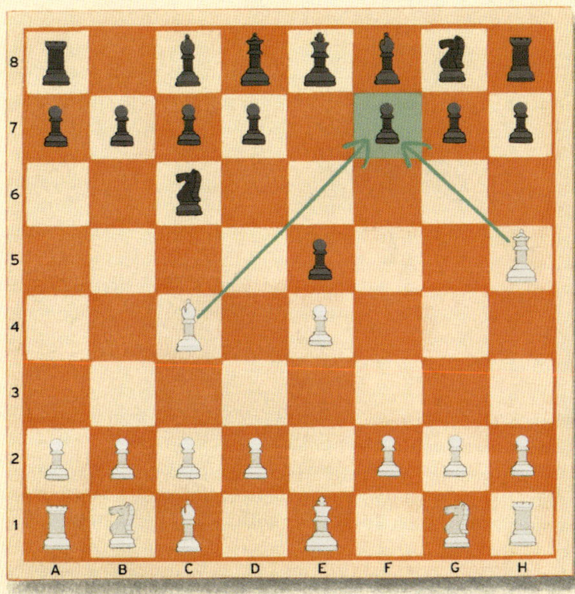

Jamie: Genau! Jetzt musst du handeln. Wie du siehst, greift die Dame gleichzeitig h7 und e5 an, aber sie **bedroht** sie nicht. Eine **Bedrohung** ist es erst, wenn der Bauer oder die Figur gefahrlos geschlagen werden kann, ansonsten ist es nur ein Angriff. Der Bauer auf f7 ist definitiv **bedroht**.

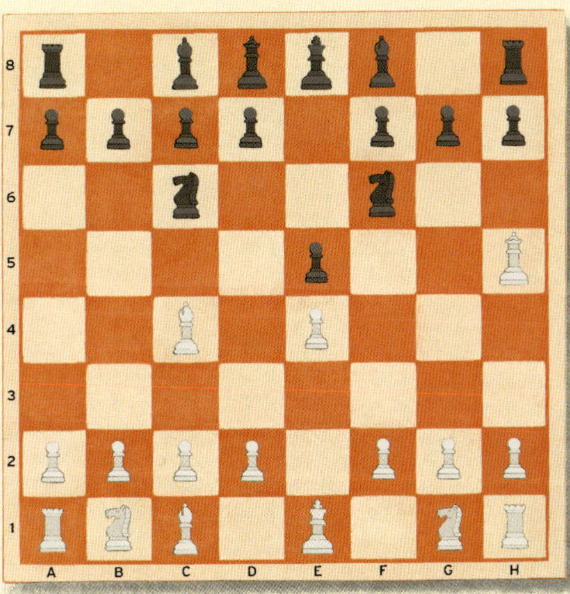

Jess: Hm. Ich ziehe jetzt meinen anderen Springer auf f6 und der greift die Dame an.

Jamie: Falle, Jess! Du greifst mich zwar an, aber dein Zug verteidigt f7 nicht, also kann ich den Bauern schlagen und dich mattsetzen.

Jess: Und was soll ich machen?

Jamie: Du musst deine Schwachstelle f7 verteidigen. Entweder ziehst du eine Figur so, dass sie das Feld verteidigt, oder du blockierst einen der Angreifer.

Jess: Ha, jetzt hab ich's! Ich ziehe meinen Bauern von g7 auf g6. Damit verhindere ich, dass die weiße Dame auf f7 zieht, gleichzeitig greife ich sie an. Zieht sie nicht weg, schlage ich sie.

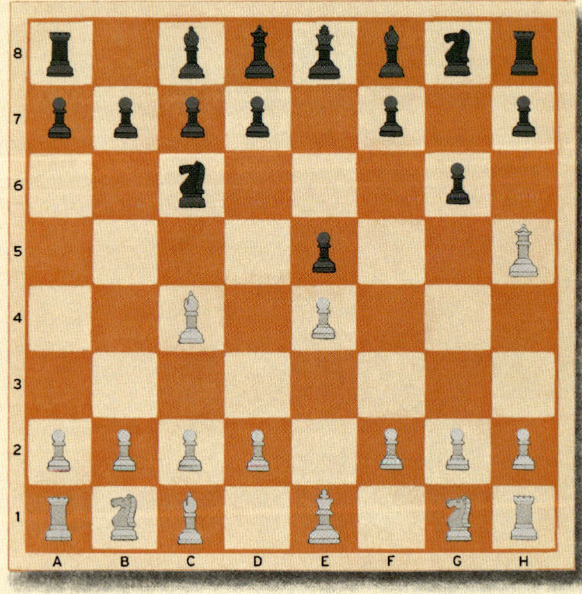

Jamie: Toller Plan! Aber was, wenn die Dame jetzt auf f3 geht?

Jess: Oh nein! Sie bedroht immer noch meine Achillesferse und droht mit matt. Mann, das nervt!

Schön, ich glaube, am besten ist es, wenn ich meinen anderen Springer auf f6 ziehe. Man soll ja seine Figuren gleich am Anfang gut ins Spiel bringen. Außerdem verhindert der Springer, dass die Dame zu meiner Achillesferse gelangt. Ja, jetzt muss ich mir um ein Schachmatt erst mal keine Gedanken mehr machen.

Jamie: Gute Idee. Außerdem solltest du möglichst schnell rochieren, um deinen König in Sicherheit zu bringen.

Jess: Dame und Läufer arbeiten ziemlich gut zusammen. Wie frustrierend!

Jamie: Das tun sie wirklich. Man sagt, sie **ergänzen** sich. Und das ist ziemlich oft so. Manchmal tun sie sich auf einer Diagonale zusammen, dann sagt man, sie bilden eine **Batterie**. Das kann sehr gefährlich werden.

Jess: Das gefällt mir nicht. Ich bin froh, dass ich Ganze jetzt stoppen kann.

Jamie: Aber pass auf! Es gibt noch eine zweite Falle. Wenn ein Gegner als Erstes seine Dame zieht, musst du vorsichtig sein.

Jess: Wieso denn? Ich kann das doch auch machen. Es ist doch egal, in welcher Reihenfolge das passiert.

Jamie: Dann schaue dir das hier an.

Dieses Mal ist der Bauer auf e5 **bedroht**, denn dein Springer ist noch nicht auf c6. Wenn du jetzt g6 spielst, ist das ein böser Fehler.

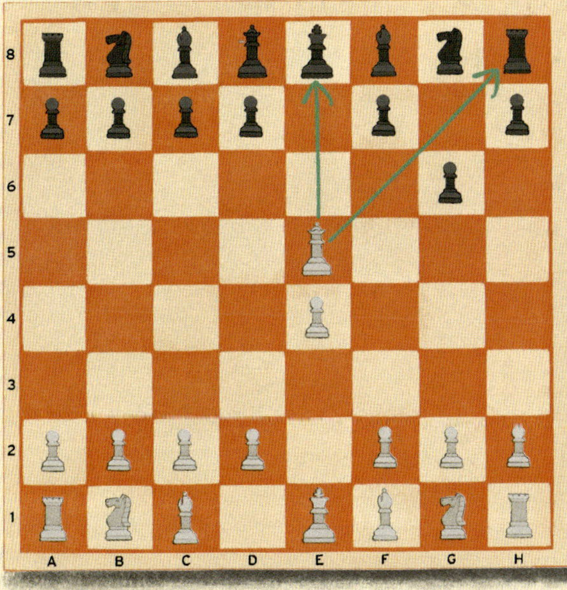

Jess: Oh, ich verstehe. Das ist eine **Gabel**.

Jamie: Eine was? Nein, das ist ein Doppelangriff, weil die Dame den König bedroht und gleichzeitig den Turm. Das ist superstark, denn es ist Schach. Der König muss einen Zug machen und sich in Sicherheit bringen, kann aber nichts zum Schutz des Turms unternehmen.

Jess: Jamie, eine **Gabel** ist dasselbe wie ein **Doppelangriff**, der Begriff ist nur einfacher. Das kann sich auf ganz viele Figuren beziehen. Ich erkläre das im nächsten Abschnitt.

Die Gabel

Jess: Also, pass auf: Eine **Gabel** kann ein Doppelangriff oder auch mehr sein. Es ist ein taktischer Kniff, bei dem eine Figur auf einen Schlag zwei oder mehr Figuren angreift. Allerdings nimmt ein Gabelangriff diese Figuren nicht nur ins Visier, sondern kann gleichzeitig auch eine Mattdrohung sein. Solche Arten von Gabelangriffen sind schwer zu erkennen.

Jamie: Zwei Fragen: Warum heißt es Gabel? Wir spielen doch nicht mit Essbesteck. Und was meinst du mit **»taktisch«**?

Jess: Eine **Taktik** ist eine Art Trick, den man im Schach verwendet und der dir zu einem Vorteil verhilft. Oft hat dieser Vorteil mit dem Material zu tun, aber manchmal geht es auch um die Stellung.

Diese Taktik nennt man Gabelangriff, weil sie verschiedene Zinken hat.

Noch mal zurück zur Stellung, über die wir auf Seite 87 gesprochen haben. Dort hatte Schwarz einen Fehler gemacht und g6 gezogen. Schlägt die weiße Dame den Bauern auf e5, bedroht sie in einer Gabel den König auf e8 und den Turm auf h8.

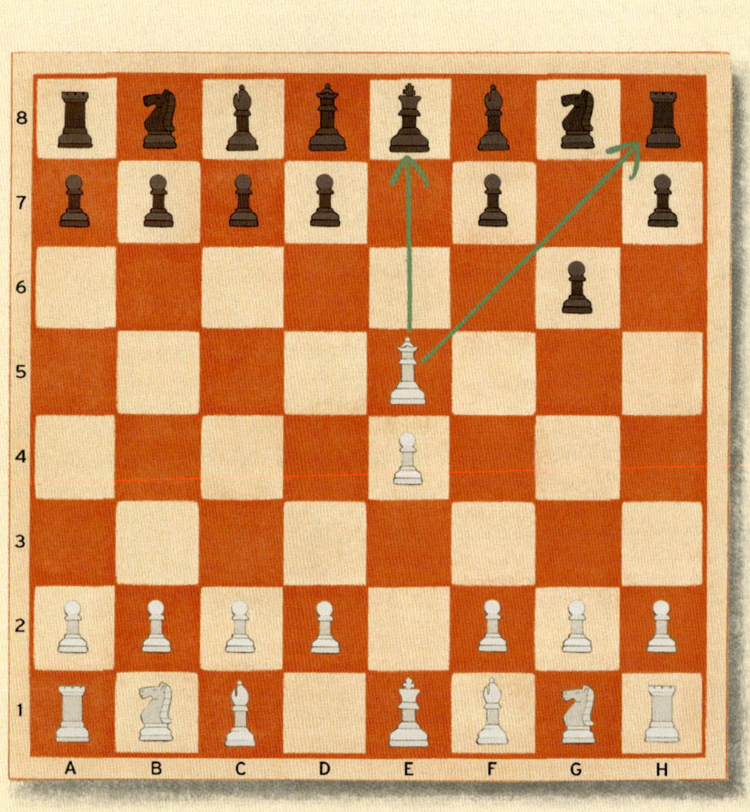

Jamie: Das ist ein super Zug! Schwarz muss aus dem Schach und Weiß kann sich völlig gefahrlos den Turm in der Ecke schnappen.

Jess: Wusstest du, dass bestimmte Namen für unterschiedliche Gabelangriffe gibt?

Jamie: Ja, ein paar davon kenne ich. Ich zeige sie dir.

Sieh dir diese Stellung an. Ich weiß, eigentlich kommt sowas nie vor ...

Der schwarze Springer greift den weißen König und die weiße Dame an. Werden diese Figuren gleichzeitig angegriffen, heißt das **Schach mit Damengewinn**, weil die Dame in jedem Fall verloren geht. Und schau: Der weiße Springer greift König, Dame UND Turm von Schwarz an, alle zur selben Zeit. Man nennt das **Familienschach**.

Jess: Gabelangriffe finde ich toll. Sie kommen immer wieder vor und jede Figur kann einen Gabelangriff führen.

Jamie: Jede Figur?

Jess: Ja, sogar der König.

Jamie: Wow. Vielleicht sollten wir uns testen: Bekommen wir mit jeder Figur eine Gabel hin?

Jess: Das ist eine gute Übung. Das machen wir auf der Stelle.

Fesselung

Jamie: Jetzt reden wir aber mal über eine Lieblingstaktik von mir – die **Fesselung**!

Jess: Was war das noch gleich?

Jamie: Eine Fesselung ist eine Taktik, mit der man eine gegnerische Figur am Ziehen hindert. Sie kann nicht angreifen und sich nicht verteidigen. Sie ist fast nutzlos.

Jess: Ach so, das ist wie Fesseln in echt. Wenn man jemanden fängt und fesselt, kann er sich nicht mehr bewegen.

Jamie: Ganz genau. Allerdings gibt es unterschiedliche Arten. Wenn ich die Figur überhaupt nicht mehr bewegen darf, heißt es echte Fesselung. Guck:

Jess: Ist klar. Der Springer darf sich auf **keinen Fall bewegen**, das würde gegen die Regeln verstoßen.

Jamie: Ja. Und dann gibt es noch die **unechte** Fesselung. Das bedeutet: Die Figur kann sich zwar bewegen, aber es wäre ein schlechter Zug. Etwa so:

Jess: Okay, der Springer *darf* sich bewegen, aber wenn er das tut, wird die Dame geschlagen. Also ist er **unecht** gefesselt. Hab's kapiert.

Jamie: Fesselung ist anders als die Gabel. Fesseln können nur die Dame, der Turm und der Läufer.

Jess: Man nennt sie auch **Linienfiguren**!

Jamie: Genau. Sie können fesseln, weil sie die ganze Linie kontrollieren, auf der die Figuren stehen.

Jess: Kein Wunder, dass du die Fesselung so toll findest – auf einen Schlag sind alle Figuren unbrauchbar.

Jamie: Super, oder? Und wenn du die gefesselte Figur immer weiter unter Druck setzt, kannst du sie meistens irgendwann schlagen. Ein Beispiel ist diese komplizierte Stellung:

Erkennst du, welche Figur gefesselt ist?

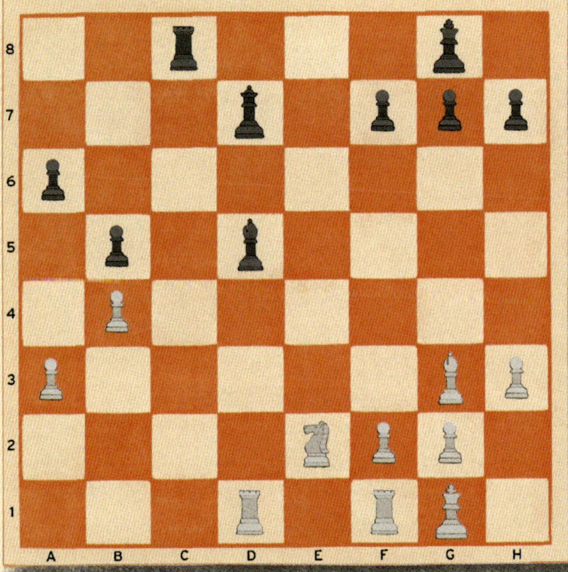

Jess: Ja, ich sehe es. Der schwarze Läufer auf d5 ist gefesselt. Der weiße Turm fesselt ihn, weil sonst die schwarze Dame fällt.

Jamie: Und was für eine Fesselung ist es?

Jess: Eine unechte.

Jamie: Hervorragend, Jess. Der Läufer kann sich nicht bewegen. Wenn ich jetzt den Druck erhöhe, werde ich ihn wahrscheinlich gewinnen.

Jess: Verstehe. Ziehe ich den weißen Springer auf f4, dann greift er den Läufer an. Es gibt mehr Angreifer als Verteidiger, also gewinnen wir den Läufer!

Jamie: Jetzt weißt du, warum ich die Fesselung liebe!

Der Spieß

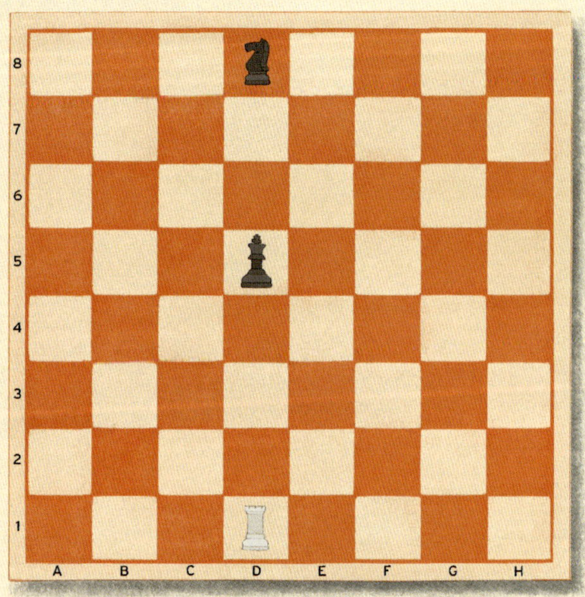

Jess: Unser Gespräch gerade hat mich an eine andere coole Taktik erinnert – den **Spieß**!

Jamie: Oh ja, das kenne ich. Das ist so ähnlich wie eine Fesselung, nur steht die wertvollere Figur vorne, richtig?

Jess: Ja, genau. Es sind wieder die Linienfiguren – Dame, Turm und Läufer –, die einen Spieß machen können. Greifen sie eine Figur an, zieht diese Figur weg auf ein sicheres Feld, aber dahinter steht eine Figur, die ich schlagen kann und die genauso viel oder weniger wert ist. So:

Diese Stellung ist dieselbe, die du mir für die echte Fesselung gezeigt hast, aber die schwarzen Figuren sind vertauscht. Das ist ein **Spieß**. Der König ist wertvoller, deshalb hat er Vorrang. Wenn er aus dem Schach in Sicherheit zieht, kann der schwarze Springer auf d8 geschlagen werden.

Jamie: Hört sich cool an. Deshalb ist es bestimmt immer wichtig zu gucken, welche Figuren auf denselben Reihen, Linien und Diagonalen wie deine stehen.

Jess: Das kannst du laut sagen! So kommst du den meisten gegnerischen Tricks auf die Spur. Ich habe noch einen Taktiktrick für dich, aber erst mal zeige ich dir noch ein paar Beispiele für den Spieß.

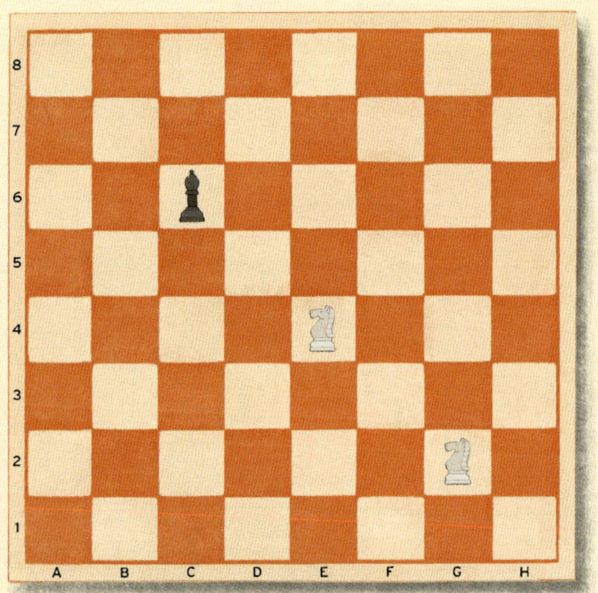

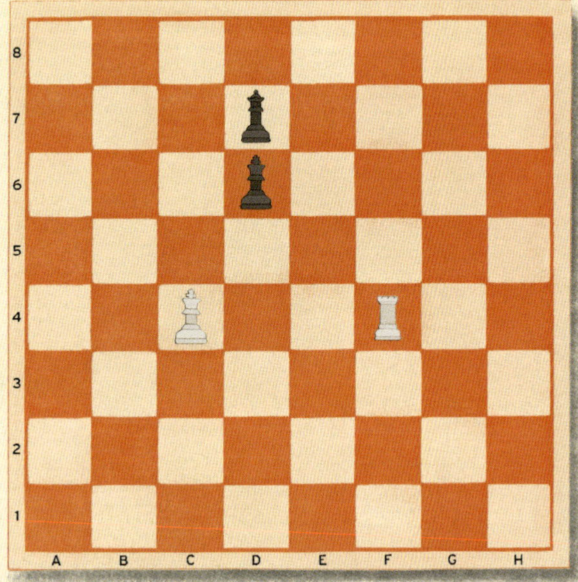

Der hier ist toll, denn beide Figuren sind gleich viel wert. Egal, welchen Springer Weiß zieht, der andere wird geschlagen!

Und sieh dir diese Position an, Jamie. Erkennst du den Spieß?

Jamie: Wer ist denn am Zug?

Jess: Egal – beide Seiten haben einen! Das ist ein prima Beispiel. Ist Weiß am Zug, könnte der Turm auf d4 ziehen. Da sieht man auch gut, dass man seinen König nicht vor die Dame ziehen sollte!

Jamie: Oder die Dame vor den König! Das würde zu einer Fesselung führen.

Jess: Du hast recht. Den anderen Spieß hätten wir, wenn Schwarz am Zug wäre. Die Dame zieht auf a4 und stellt den weißen König ins Schach. Der König muss zur Seite gehen und Schwarz kann den Turm auf f4 schlagen.

Der Abzug und das Abzugsschach

Jamie: Abzugsschach gehört definitiv zu meinen Lieblingstaktiken. Dein Gegner ahnt nichts Böses und dann – ZACK – voll auf die Nase!

Jess: Das kenne ich. Beim Abzugsschach zieht eine Figur aus dem Weg und es stellt sich heraus, dass die Figur dahinter der Angreifer ist.

Jamie: Großartig, nicht? Der leichte Teil besteht darin, zu erkennen, wann du ein Abzugsschach machen kannst. Es ist wie bei Gabel oder Spieß, wo Dame, Turm oder Läufer angreifen und alle auf einer Linie, Reihe oder Diagonale stehen. Schwieriger ist, zu entscheiden, wohin mit der Figur, die im Weg steht. Beispiel: Drei Figuren stehen auf der d-Linie. Für ein Abzugsschach müsste Weiß hier einfach seinen Springer wegziehen. Vorher muss sich Weiß aber überlegen, wohin mit der Figur.

Jess: Das beste Feld ist das, wo ich den größten Schaden anrichten kann, also entscheide ich mich für f6 und bedrohe die Dame.

Jamie: Genau das würde ich auch tun. Die Dame ist auf jeden Fall futsch. Und was ist hier?

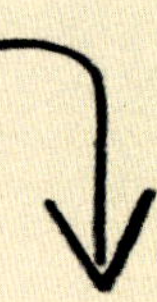

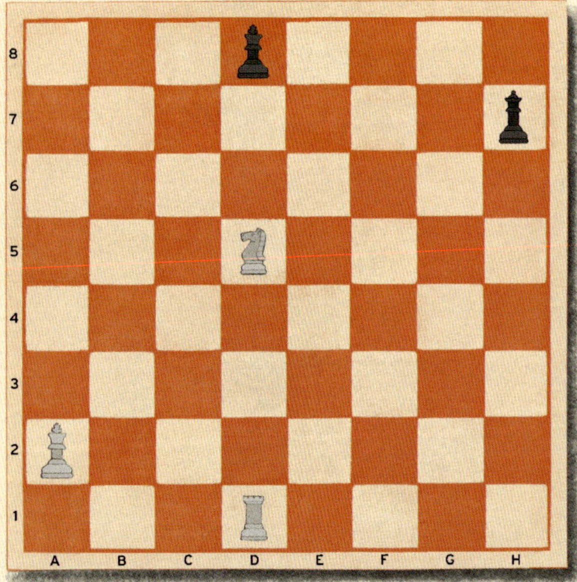

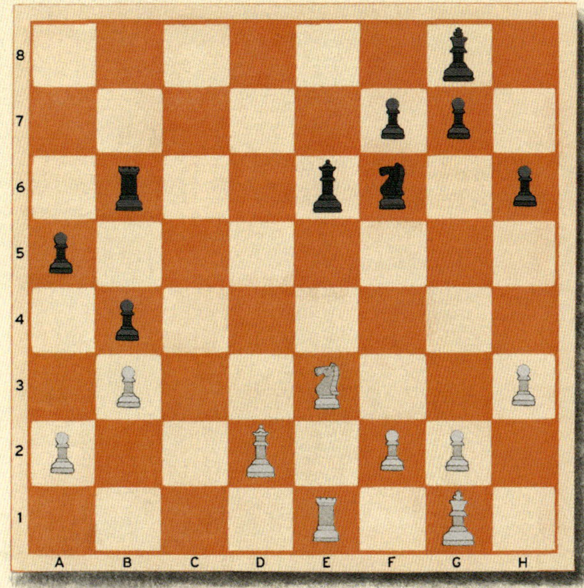

Jess: Ha, ich weiß. Hier stehen die Figuren auf der g1-a7-Diagonale. Wenn ich den Turm wegziehe, gibt der Läufer auf g1 Schach. Also ziehe ich den Turm auf h3, um die Dame anzugreifen.

Jamie: Ein guter Plan, aber du darfst eins nie vergessen: Überleg dir, bevor du ziehst, was dein Gegner vorhat. Angenommen, du ziehst deinen Turm auf h3, was macht dein Gegner dann?

Jess: Tja, Schwarz könnte das Schach blockieren, indem er die Dame auf d4 zieht, aber die schlage ich mit meinem Läufer.

Jamie: Das stimmt, aber es gibt noch einen besseren Zug. Wenn du mit dem Turm auf e4 gehst, könnte die Dame das Schach nur auf f2 blockieren und dann könntest du sie umsonst schlagen.

Jess: Ja, das ist besser! Wie sagte der große **Emanuel Lasker**? »Siehst du einen guten Zug, such nach einem besseren!« Das mache ich das nächste Mal.

Jamie: Das waren zwei Beispiele für ein **Abzugsschach**. Jetzt gebe ich dir ein Beispiel für einen **Abzug**.

Jess: Hier kann kein König durch einen Abzug ins Schach gestellt werden, aber da stehen Figuren auf der e-Linie. Ich würde den weißen Springer wegziehen, um die schwarze Dame anzugreifen.

Jamie: Okay, aber wohin?

Jess: Mal sehen ... ich denke, ich ziehe ihn nach c4. Auf diesem Feld richtet er den meisten Schaden an, denn selbst wenn Schwarz die Dame wegzieht, kann ich noch den Turm schlagen.

Jamie: Das ist der Grund, warum ein Abzug so cool ist. Viele merken nicht mal, dass die Dame bedroht ist. Die ziehen ihren Turm weg und du kannst die Dame schlagen!

Vernichtung der Verteidigung

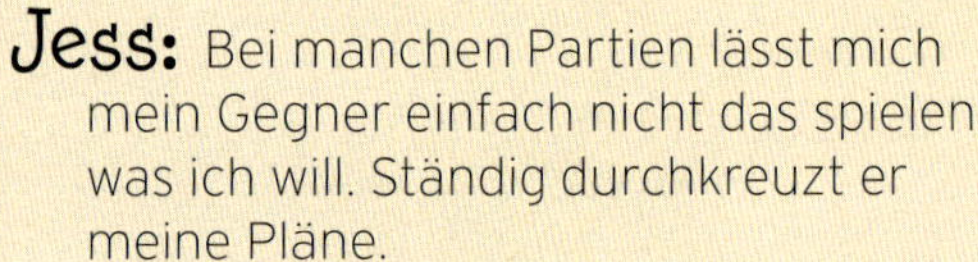

Jess: Bei manchen Partien lässt mich mein Gegner einfach nicht das spielen, was ich will. Ständig durchkreuzt er meine Pläne.

Jamie: Was hast du denn erwartet? Niemand lässt dich einfach so gewinnen!

Jess: Stimmt, aber das ist doch echt nervig. Irgendeine Figur hindert mich immer daran zu tun, was ich will.

Jamie: Dann nimm diese Figur einfach vom Brett.

Jess: Das würde ich ja gerne, geht aber nicht. Erstens merkt es mein Gegner, zweitens ist es gegen die Etikette, das hatten wir doch schon!

Jamie: Das meine ich ja auch gar nicht! **Vernichtung der Verteidigung** ist eine Schachtaktik und es gibt viele Wege, sie zu nutzen. Wie du schon gesagt hast: Häufig könntest du deinen Plan umsetzen, wäre da nicht diese eine Figur … Ist die weg, wird alles viel einfacher.

Jess: Genau so. Das klingt nach der Lösung meiner Probleme. Aber wie genau mache ich das?

Jamie: Okay, ich geb dir ein Beispiel.

Du bist Weiß. Was würdest du am liebsten tun und was hindert dich daran?

Jess: Diesen Läufer auf e7 schlagen. Also muss ich die Dame auf d8 loswerden, richtig?

Jamie: Das wäre eine Möglichkeit, aber du übersiehst noch was viel Besseres.

Jess: Oh, jetzt weiß ich – wenn ich den Bauern auf h7 schlage, ist mein Gegner schachmatt. Aber das verhindert der blöde Springer auf f6.

Jamie: Ja und? Dann schlag ihn doch.

Jess: Großartig! Ich schlage ihn einfach mit meinem Läufer. Schwarz darf nicht zurückschlagen, sonst setze ich ihn matt. So gewinne ich Material!

Jamie: Genau. Manchmal kannst du die Figur vielleicht nicht schlagen, aber du kannst sie verjagen. Sieh dir diese Stellung an:

Hier bin ich Weiß und möchte den Turm auf f8 mit meinem Turm schlagen, aber er ist durch den schwarzen König gedeckt.

Jess: Den König darfst du nicht schlagen!

Jamie: Ich weiß. Also muss ich ihn dazu zwingen.

Jess: Warum stellen wir ihn nicht ins Schach?

Jamie: Genau das sollten wir hier tun.

Jess: Aber dieser doofe Läufer blockiert die Diagonale, auf der ich Schach sagen wollte. Sollen wir diese Verteidigung auch vernichten?

Jamie: Gut mitgedacht, Jess. Manchmal müssen wir einen Verteidiger vernichten, um zum nächsten Verteidiger zu gelangen, aber in diesem Fall können wir **opfern**.

Jess: Das bedeutet, dass wir Material opfern, um etwas Besseres dafür zu bekommen, oder? Mehr Material oder ein Matt, richtig?

Jamie: Genau. Ich nehme meinen Läufer und schlage den Bauern auf h7, das ist Schach. Der schwarze König muss weg vom Turm. Er kann den Läufer schlagen. Aber wenn ich den Turm auf f8 mit meinem Turm auf f1 schlage, habe ich sechs Punkte gewonnen, Schwarz dagegen nur drei.

Jess: Cool. Ist das nicht so eine Art **Ablenkung**?

Jamie: Stimmt. Man nennt das Ablenkung, ist aber auch ein Weg, die Verteidigung zu vernichten.

Treppen-matt

Jess: Jetzt haben wir ganz viel über die Eröffnung gelernt und jede Menge coole Manöver, aber was nützt das, wenn wir die Partie nicht beenden können? Ich glaube, es ist superwichtig, dass man weiß, welche Möglichkeiten es gibt, den Gegner schachmatt zu setzen.

Jamie: Lass uns mit etwas Einfachem anfangen. Mattsetzen mit zwei Türmen.

Jess: Baby-einfach. Du gibst Schach und irgendwann gehen dem gegnerischen König die Möglichkeiten aus, dann ist es Schachmatt. Das geht auch mit einem Turm, den anderen brauche ich gar nicht.

Jamie: Stimmt nicht ganz, Jess. Natürlich kannst du auch mit einem Turm mattsetzen, aber nicht, indem du wahllos Schach gibst. Das braucht schon eine gewisse Technik und du musst deine Züge genau überlegen. Du musst den König an den Rand des Bretts treiben, bis ihm die Züge ausgehen.

Jess: Warum? Ich sage einfach Schach und irgendwann ist es Matt.

Jamie: Das kann funktionieren, wenn dein Gegner keine Ahnung hat, aber bei erfahrenen Spielern kommst du damit nicht weit. Ich zeige dir eine einfache Methode. Als Erstes musst du überlegen, wohin du den König treiben willst, dann baust du einen elektrischen Zaun, den er nicht überwinden kann. In der Stellung von eben will ich den schwarzen König auf Reihe 8 treiben, er darf also nicht vorwärtsziehen. Mein elektrischer Zaun kommt auf die vierte Reihe, ich ziehe den Turm auf c4.

Jess: Ganz schön clever. Will der König über die vierte Reihe gehen, bekommt er einen Stromschlag, also kann er nur zur Seite oder rückwärts. Und was ist, wenn er nach d5 zieht und deinen Turm angreift?

Jamie: Dann ziehst du einfach so weit wie möglich von ihm weg. Zieh auf h4!

Jess: So bleibt der Elektrozaun intakt!

Jamie: Genau. Der König kann nur noch auf dem halben Brett herumziehen. Jetzt bringe ich den zweiten Turm auf die nächste Reihe und sage Schach. So treibe ich den König dichter an den Rand.

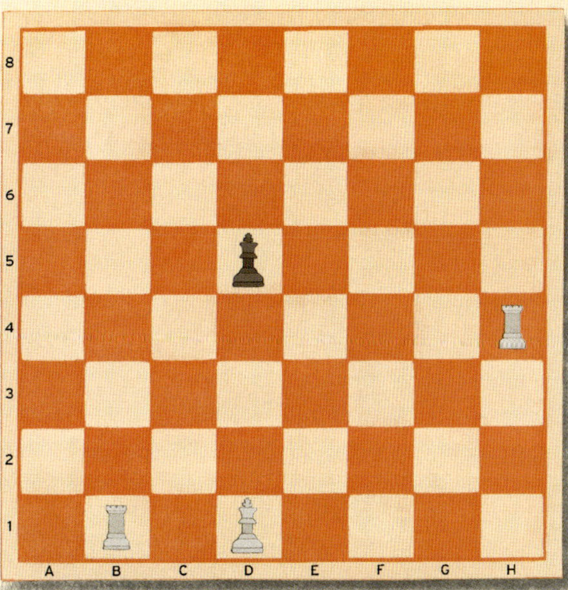

Jess: So langsam kapiere ich es. Das macht man Reihe um Reihe, bis der König am Rand des Bretts gefangen ist.

Jamie: Ja. Das bezeichnet man als **Treppenmatt** – weil es so langsam ist wie Treppensteigen, immer einen Schritt nach dem anderen.

Jess: Meine Freundin aus England hat mir erzählt, dass es dort »Rasenmäher-Matt« heißt, weil man sich hin und her bewegt wie beim Rasenmähen.

Jamie: Dieser Name ist in Deutschland nicht so weit verbreitet. Hier sagt man vor allem Treppenmatt dazu.

Jess: Eine Frage: Wenn dein Gegner tatsächlich sein Handwerk versteht, wieso stoppt er dich dann nicht? In dem vorherigen Bild hätte Schwarz doch einfach seinen König auf c5 ziehen können. So hätte dein zweiter Turm kein Schach geben können.

Was ziehst du jetzt?

Jamie: Jetzt hast du zwei Möglichkeiten. Ich ziehe meine Türme möglichst weit weg vom König, ohne dabei den Elektrozaun zu stören. In diesem Fall ist unser eigener König im Weg. Also kommt mein Turm von b1 auf b4, gedeckt vom Turm auf h4. Sobald sich der schwarze König bewegt, stelle ich ihn ins Schach.

Jess: Der schwarze König kommt dichter an den Rand. Aber ich weiß ja, was du vorhast, also geht er auf c6. Wenn du mit Turm auf h6 ein Treppenmatt versuchst, schlage ich den Turm auf b5!

Jamie: Sehr clever, Jess!

Jess: Was unternimmst du also?

Jamie: Ich kann zwei Dinge tun. Entweder ziehe ich meinen Turm auf b5, weit weg vom schwarzen König, oder ich verteidige ihn mit meinem anderen Turm.

Jess: Also den einen Turm von h4 auf h5 oder den anderen von b5 auf h5?

Jamie: Eigentlich würde ich nicht von b5 auf h5 ziehen, auch wenn das am weitesten vom König entfernt ist. Da steht mein Turm aber dem anderen im Weg, ich kann also den König nicht weiter vor mir hertreiben.

Jess: Oh ja, wie ärgerlich! Aber du könntest ihn auf g5 ziehen und im nächsten Zug den anderen Turm auf h6. Du sagst Schach und drängst den König weiter zurück.

Jamie: Genau. Und dann drängst du weiter und weiter, bis der König am Ende des Bretts ist. Aber ich will dir auch zeigen, was geschieht, wenn du den Turm schützt.

Jetzt kann der schwarze König den Turm auf b5 nicht schlagen, denn er ist gedeckt. Also muss der König wegziehen. Will er es den Türmen möglichst schwer machen, sollte er auf derselben Reihe bleiben und nicht freiwillig rückwärtsgehen.

Jess: Vielleicht sollte der König nach d6.

Jamie: Ja, aber jetzt können wir ihn weiter treiben. Die Türme können auf Reihe 6, Schach sagen und ihn zurückdrängen.

Jess: Als Weiß würde ich den Turm von h5 auf h6 ziehen, um Schach zu geben. Das ist weiter weg vom König und sicherer.

Jamie: Das ist egal, denn wenn der König auf c7 zieht, verhindert er, dass der zweite Turm nach unten kommt. So:

Den Turm kannst du nicht einfach auf b7 ziehen, da würde ihn der König schlagen.

Jess: Kann ich nicht einfach das, was du gemacht hast, weitermachen und erst meinen Turm schützen, indem ich ihn von b5 auf b6 ziehe?

Jamie: Genau das musst du tun! Bis du zum Schluss kommst.

Hier ist Schwarz am Zug und ihm bleibt nur noch eine einzige Möglichkeit: König auf d8. Dann hast du die freie Wahl, welchen Turm du zum Matt sagen auf die oberste Reihe ziehen willst.

Jess: Super! Das übe ich, bis ich beide Methoden im Schlaf spielen kann. Mit Dame und Turm oder mit zwei Damen funktioniert das genauso, oder?

Jamie: Wie, zwei Damen? Du spielst doch nur mit einer!

Jess: Aber du kannst doch einen Bauern in eine zweite Dame umwandeln. Theoretisch könntest du sogar neun Damen haben!

Jamie: So ein Quatsch!

Jess: Nein, ist es nicht. Du wandelst alle acht Bauern um und behältst deine ursprüngliche Dame.

Jamie: Das könnte gehen … wie auch immer: Mit der Dame funktioniert es genauso, es ist sogar ein wenig einfacher, weil dem König noch weniger Felder bleiben, auf die er ziehen kann.

Jess: Ich fange sofort an zu üben.

Todes-kuss

Jess: Du hast gesagt, ein Treppenmatt sei mit der Dame einfacher als mit dem Turm, weil dem König weniger Felder bleiben. Können wir dann auch mit nur einer Dame mattsetzen?

Jamie: Ja. Allerdings ist das nicht ganz korrekt, schließlich haben wir immer noch unseren König, der nicht geschlagen werden darf. Ohne den König und nur mit der Dame können wir nicht mattsetzen.

Jess: Kennst du dafür auch eine coole Methode?

Jamie: Na klar und sie ist super einfach. Ich nenne sie **Schattenmethode**. Man muss noch nicht mal groß nachdenken – du folgst einfach dem gegnerischen König.

Als erstes ziehe ich die Dame auf ein Feld, das einen Springerzug vom König entfernt ist. Damit schneidet sie ihm zahlreiche Felder ab. In diesem Fall wäre das g4. Siehst du, wie sie dem König ganz viele Zugmöglichkeiten wegnimmt?

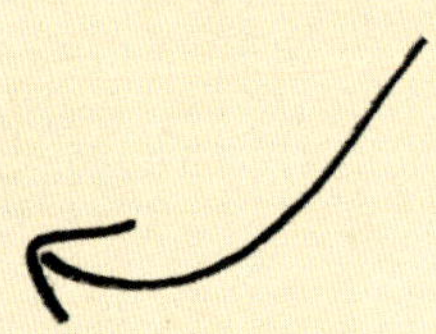

Egal, in welche Richtung der König jetzt zieht, ich ziehe einfach hinterher. Zieht er zur Seite, dann ich auch. Zieht er diagonal nach hinten, dann ich auch. Bis der König am Rand des Bretts steht.

Wie du hier siehst, sind wir diagonal dichter an die achte Reihe marschiert. Jetzt stell dir vor, du hast das ganz oft gemacht und landest in dieser Stellung.

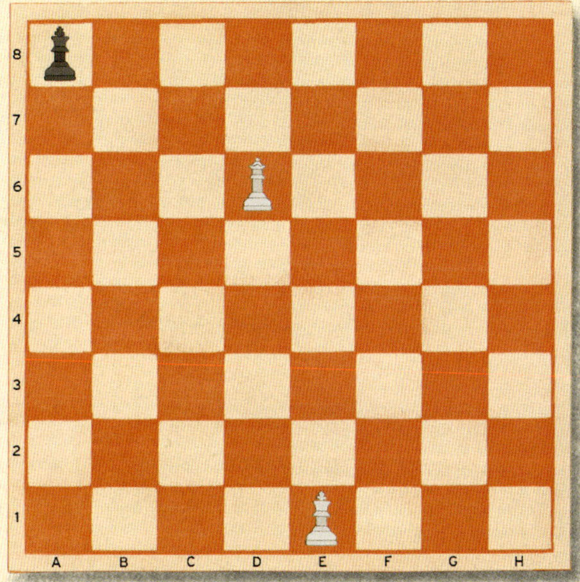

Weiß ist am Zug, Jess. Was machst du?

Jess: Das ist doch einfach. Du bist gerade diagonal in die Ecke gezogen, also mache ich es nach. Die **Schattenmethode** halt.

Jamie: FALSCH!

Jess: Wie, falsch? Du hast doch gesagt, ich muss einfach alles nachmachen.

Jamie: Aber wenn der König in eine Ecke geht, musst du besonders vorsichtig sein. Ziehst du deine Dame auf c7, nimmst du dem gegnerischen König ALLE Felder weg. Das ist dann ein **Patt**!

Jess: Das ist nicht fair! Du hast mich reingelegt!

Jamie: Nein, habe ich nicht. Du musst immer selbst alle Stellungen durchrechnen und darfst nicht einfach mechanisch irgendwas runterspielen.

Jess: Okay, okay. Wie wäre es also, wenn ich meine Dame auf d7 ziehe? Dann kann der schwarze König noch auf b8.

Jamie: Hauptsache, der schwarze König hat noch Platz, sich zu bewegen, das ist jetzt das Wichtigste. Das ist die einzige Gefahr – dass du im Endspiel ein Patt herbeiführst. Wenn der König auf die oberste Reihe geht, dann nagle ihn dort mit der Dame fest, aber so weit weg, dass es kein Patt ist.

Jess: Alles klar! Jetzt muss ich also nur noch meinen König näher ranbringen, bis ich mattsetzen kann.

Jamie: Jess, weißt du, was beim Schach **»in Opposition«** heißt?

Jess: Ja. Beide Könige stehen sich gegenüber, aber es ist noch ein Feld Platz dazwischen.

Jamie: Ganz genau. Und weißt du auch, warum das wichtig ist?

Jess: Na ja, die Könige kommen so nicht aneinander vorbei.

Jamie: Richtig, das ist einer der Hauptgründe. Wirklich wichtig wird das im Endspiel, dazu später noch. Jetzt führen wir erst mal den weißen König heran, damit die Könige in Opposition stehen.

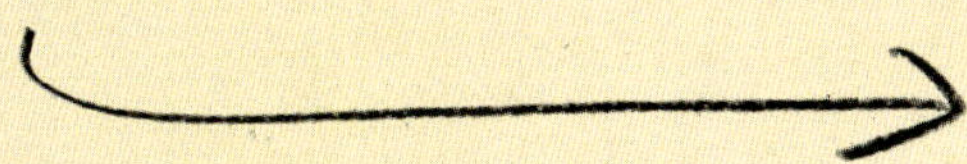

Jess: Schwarz ist am Zug und hat keine Wahl, der König muss in die Ecke. Und dann kann ich auf fünf verschiedene Arten mattsetzen.

Jamie: Fünf? Wie soll das gehen?

Jess: Ich zeig's dir. Wenn der schwarze König auf a8 steht, kann ich mit der Dame auf a7, b7, c8, d8 oder e8 ziehen.

Jamie: Wow, du hast recht! Mir war nicht klar, dass es so viele Möglichkeiten sind. Normalerweise nehme ich immer die, wo die Dame dem gegnerischen König direkt gegenübersteht. Das ist der **Todeskuss**, denn die Dame nagelt den König am Brettrand fest und tötet ihn, weil er nicht fliehen kann.

Jess: Das sehe ich. Die Dame ist gemein!

Jamie: Schach ist nun mal ein Kriegsspiel und alle Figuren sind Krieger.

Matt mit Turm

Jess: Weißt du, was ich völlig vergessen habe? Wie man mit einem Turm und der Dame schachmatt setzt. Dabei ist das doch viel einfacher als mit nur einem Turm.

Jamie: Dann reden wir jetzt darüber. Ich bin da häufig unsicher und gebe ständig Schach, bis ich aus Versehen in einer Stellungswiederholung lande.

Jess: Das passiert ganz vielen. Es gibt zwei einfache Möglichkeiten, wie man nicht in Schwierigkeiten kommt.

Die erste wird den meisten Spielern beigebracht. Sie heißt Eingrenzmethode. Ich stelle mir gerne vor, dass ich rund um den König zwei Elektrozäune baue.

Jamie: Bei dieser Stellung kann ich dem König schon mal *einen* Zaun vor die Nase stellen – der Turm zieht auf c4.

Jess: Ja, aber warte, das ist schon die zweite Methode. Erstmal wird der schwarze König versuchen, zum weißen Turm zu kommen und ihn zu schlagen. Das sieht dann so aus:

Siehst du die beiden Zäune, die den König eingrenzen? Die wichtigste Regel hierfür lautet: Kannst du den Raum enger machen, dann tu es. Kannst du es nicht, beweg den König. Das funktioniert immer!

Jamie: Hm, lass mich mal versuchen. Wenn Schwarz auf e5 zieht, gehe ich mit meinem Turm auf d4 und mache den Raum kleiner.

Jess: Richtig. Das machst du jetzt weiter, bis sich der König der Ecke nähert. Dann musst du wieder ein bisschen aufpassen.

Hier ist Schwarz am Zug und es bleibt nur noch ein Zug – der in die Ecke. Befolgst du jetzt einfach meine Regel und rechnest nicht mit, dann ziehst du den Turm auf g7, machst das Feld enger – und hast den König patt gesetzt!

Jamie: Ach Mann, dann passe ich lieber auf und ziehe stattdessen meinen König nach g6.

Jess: Viel besser. Wenn der König im nächsten Zug nach g8 zurückkehrt, können wir unseren Turm irgendwo außerhalb der Reichweite des Königs auf die f-Reihe stellen. Jetzt muss Schwarz Kh8 ziehen, wir gehen mit dem Turm auf f8 und – schachmatt!

Jamie: Das ist definitiv schwieriger als die anderen Matt-Varianten, aber mit ein bisschen Übung bekommt man das locker hin.

Jess: Es ist ohnehin am besten, alle Möglichkeiten viel zu trainieren. Je mehr du spielst, desto besser wirst du.

Jamie: Hast du keine Schachaufgaben, die ich lösen kann? Das bringt doch bestimmt Spaß und man lernt viel.

Jess: Schachaufgaben bekommst du überall, es gibt Bücher dazu, DVDs und das Internet ist voll damit. Aber du hast recht, ich denke, wir sollten hier auch ein paar Schachaufgaben stellen.

Jamie: Das gefällt mir!

Schachaufgaben 1
Material gewinnen

Jess: Schachaufgaben finde ich toll. Sie sind eine super Übung und machen uns topfit im Kopf.

Jamie: Finde ich auch. Fangen wir mit verschiedenen Möglichkeiten an, Material zu gewinnen. Du musst die beste Kombination finden. Schreib die Züge auf und schreib dazu, um welche Taktik es sich handelt. Weiß ist immer am Zug.

Jess: Das sollte gehen. Zeig mal her die Aufgaben!

Aufgabe 1:

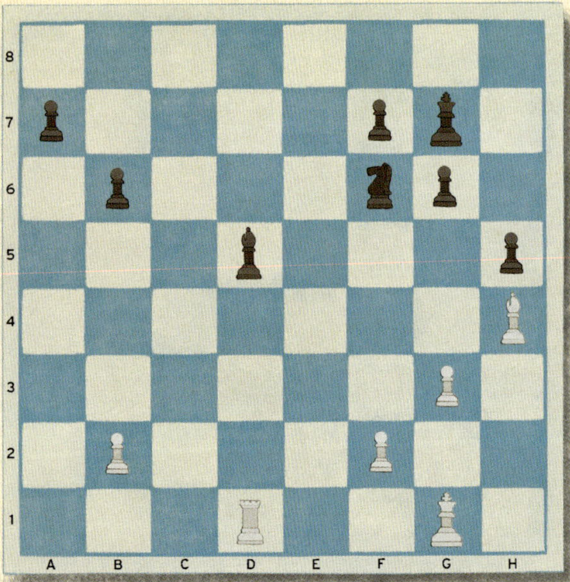

Aufgabe 2:

Aufgabe 3:

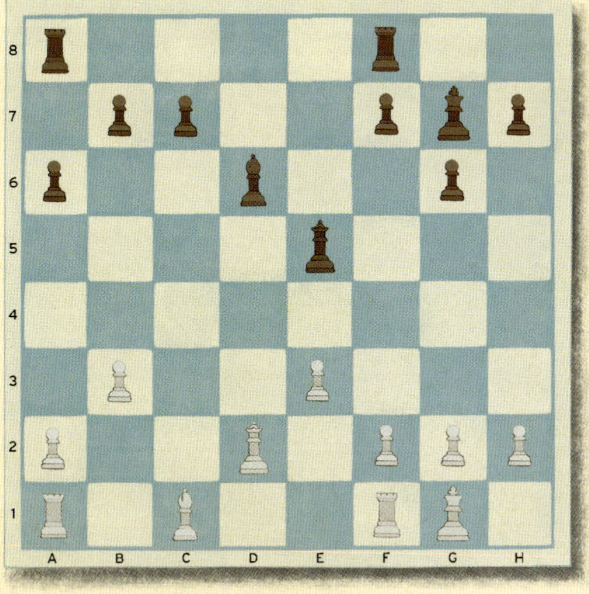

Aufgabe 4:

Aufgabe 5:

Aufgabe 6:

Lösungen Teil 1

Aufgabe 1:

Hier heißt es: **Vernichte die Verteidigung**. Wir wollen den Läufer auf d5 schlagen, aber aktuell wird er noch durch den Springer auf f6 gedeckt. Wir schlagen also als Erstes den Springer, danach schnappen wir uns den Läufer.

Antwort Lxf6+

Aufgabe 2:

Auch hier geht es darum, **die Verteidigung zu vernichten**. Diesmal ist jedoch kein Schach dabei und es gibt keinen Abtausch. Auch hier wird ein **Opfer** gebracht. Der Turm auf e4 ist anfällig und wird nur durch den Läufer auf h7 gedeckt.

Antwort: Txh7

Aufgabe 3:

Hier muss Weiß aufpassen, denn Schwarz droht mit Dxh2, was Schachmatt wäre! Es geht um eine **Fesselung**. Achte immer darauf, ob Figuren auf einer Reihe, Linie oder Diagonale stehen. Hier sind Dame und König von Schwarz auf einer Diagonale und es gibt eine Fesselung, die Weiß die Dame einbringt.

Antwort: Lb2

Aufgabe 4:

Hier kommen **Gabel** und **Fesselung** ins Spiel. Die weiße Dame fesselt den schwarzen Turm auf d5. Er darf sich nicht bewegen, wird im Moment aber vom Turm auf b5 gedeckt. Wir sollten versuchen, die Fesselung zu nutzen, indem wir die gefesselte Figur angreifen. Das ist möglich und die Gabel bedroht beide Türme gleichzeitig.

Antwort: c4

Aufgabe 5:

Ein Beispiel für **Opfer** und **Abzugsschach**. Der schwarze Turm auf h8 steht allein und ungedeckt, erfüllt aber eine wichtige Aufgabe: Er unterstützt die Dame, die gleich auf h1 ziehen und den weißen König mattsetzen will. Weiß kann hier jedoch mit einem tollen Springerzug Schwarz ins Schach stellen und den schwarzen Turm angreifen.

Antwort: Sc6+

Aufgabe 6:

Hier geht es um **Opfer** und **Abzugsschach**. Je nachdem, welchen Zug wir wählen, kommt noch ein **Familienschach** hinzu. Die schwarze Dame ist ungeschützt, und sobald sich der weiße Springer bewegt, wird die weiße Dame die schwarze angreifen. Nicht vergessen: Immer möglichst großen Schaden anrichten! Hier sollten wir Schwarz ins Schach stellen, also Springer auf g5 oder f6. Bei f6 greift der Springer König und Dame an – **Familienschach**.

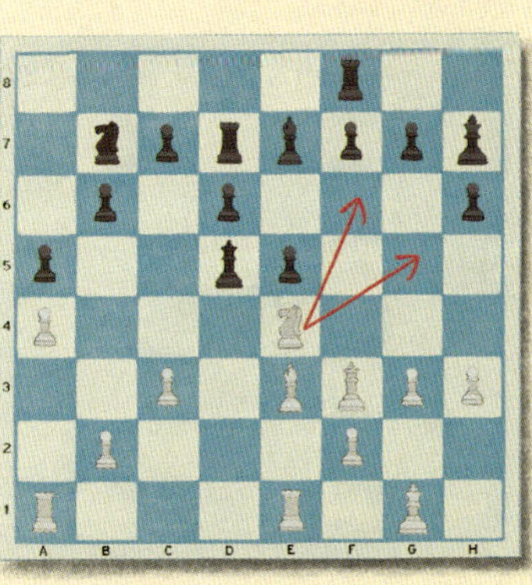

Antwort: Sg5+ oder Sf6+

Schachaufgaben 2
Matt im nächsten

Jamie: Wie fandest du die Aufgaben, Jess?

Jess: Ganz leicht. Jetzt will ich Mattsetzen üben, nicht nur Materialgewinn.

Jamie: Klar, das ist auch wichtig, denn so gewinnt man schließlich beim Schach. Hier sind ein paar Aufgaben, wo du im nächsten Zug mattsetzen musst.

Jess: Ich habe wirklich nur einen einzigen Zug, um meinen Gegner zu besiegen?

Jamie: Ja. Auch hier ist Weiß am Zug, und ich gebe dir einen Tipp: Die erste Aufgabe ist ein bisschen gemein.

Aufgabe 1:

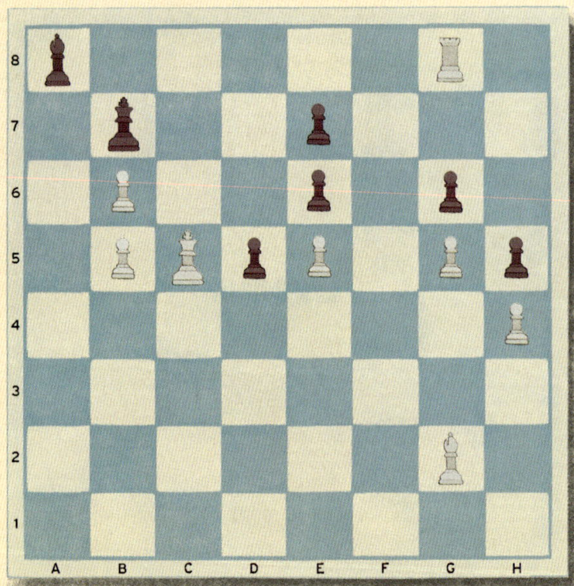

Aufgabe 2:

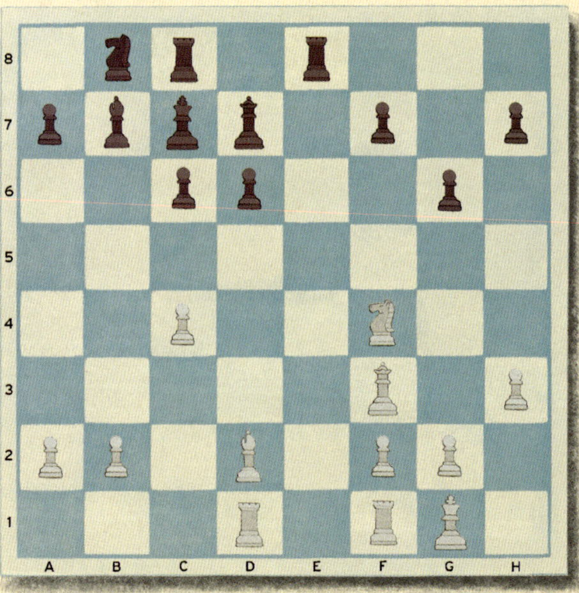

Aufgabe 3:

Aufgabe 4:

Aufgabe 5:

Aufgabe 6:

Lösungen Teil 2

Aufgabe 1:

Es gibt bei dieser Stellung nur zwei Möglichkeiten, Schach zu geben: Tb8+ und Lxd5+. Beide Züge führen dazu, dass die Figuren geschlagen werden. Wie also soll man hier im nächsten Zug mattsetzen? In zwei Zügen geht, aber in einem? Denk an all die Züge, die wir gelernt haben. Es muss schon etwas Besonderes sein, um hier zum Matt zu führen. Die Lösung: **en passant**!

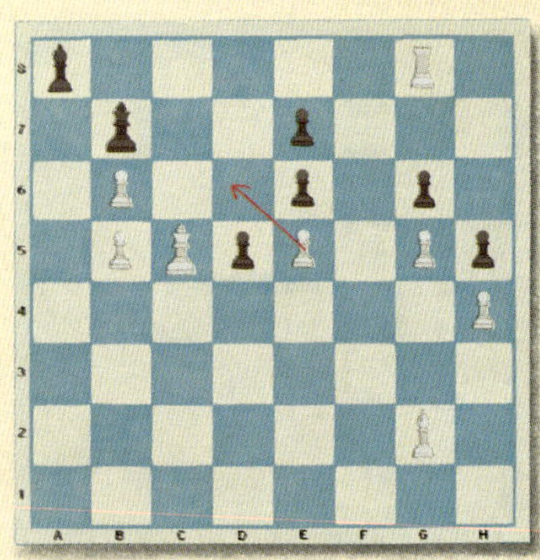

Antwort: exd5 e.p. #

Aufgabe 2:

Hier musst du nach Möglichkeiten suchen, Schach zu geben. Finde einen Zug, bei dem du keine Figur verlierst, und stelle sicher, dass der schwarze König festsitzt.

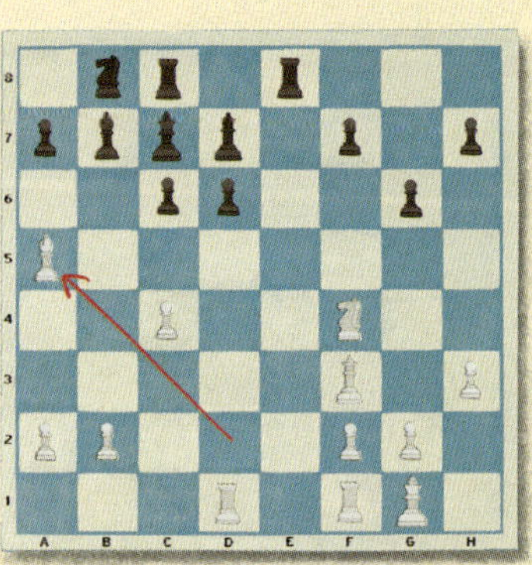

Antwort: La5#

Aufgabe 3:

Ein Tipp bei der Suche nach Mattmöglichkeiten: Ist deine Dame auf dem Brett, dann schau, wo sie so dicht wie möglich an den König herankommt, ohne in Gefahr zu geraten. Häufig führt das zum Matt oder zum bestmöglichen Schach. Hier gilt: Auf g7 kann die weiße Dame nicht gehen, weil sie da vom schwarzen Turm geschlagen wird. Also ...

Antwort: Df8#

Aufgabe 4:

Hier haben wir ein cleveres **Abzugsschach** und ein **Doppelschach**. Vergiss nicht, immer zu kontrollieren, wo Figuren auf einer Linie stehen. Schwarz hat nicht rochiert und steht auf derselben Linie wie der weiße Turm. Das ist nie eine gute Idee. Weiß kann durch ein Doppelschach mattsetzen.

Antwort: exf7#

Aufgabe 5:

Auch hier ein **Abzugsschach**, aber ohne Doppelschach. Der weiße Turm muss abziehen, damit der schwarze König in Gefahr gerät, aber wohin? Ein Doppelschach ist nicht möglich, also sollte der Turm auf das Feld ziehen, wo er die meisten Fluchtwege verbaut. Vergiss nicht: Es ist egal, ob die Figur in Not gerät, denn es ist Schach.

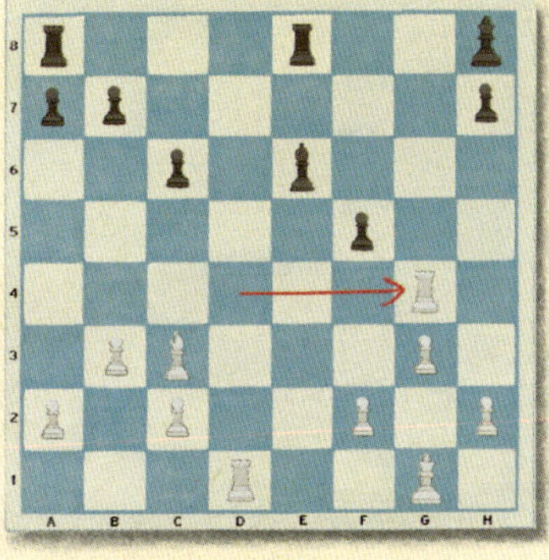

Antwort: Txg4#

Aufgabe 6:

Hier geht es drunter und drüber und überall ist ausgesprochen viel los. In so einer Stellung musst du gründlich kontrollieren, welche Figuren was tun. Du solltest keine Figur bewegen, die zahlreiche Fluchtfelder abdeckt. In dieser Stellung leistet die weiße Dame am wenigsten. Der schwarze König kann momentan nirgendwo hin, das heißt, das nächste Schach ist gleichzeitig auch Matt, sofern du keine zentrale Figur wegziehst. Hast du erkannt, dass die Dame Schach sagen muss? Jetzt sorge dafür, dass das Schach nicht geblockt wird. Siehst du den cleveren Zug?

Du dachtest vielleicht, der König könne nicht mattsetzen, aber bei einem **Abzugsschach** kann der letzte Zug ein Matt sein – auch vom König!

Antwort: Kd4#

Jess: Das war super, ich habe ganz viel gelernt. Weißt du, ich würde gerne mal sehen, wie die großen Schachmeister gespielt haben. Da könnte ich garantiert viel lernen!

Jamie: Dann zeige ich dir mal eine Partie von einem der frühen Schachmeister. Er hieß Paul Morphy und kam aus Amerika.

Jess: Super, ich kann es kaum abwarten!

Meisterhaft

Paul Morphy war einer der besten Schachspieler aller Zeiten. Er war berühmt für seine genialen Angriffe. Diese Partie fand unter sehr ungewöhnlichen Umständen statt: Im Oktober 1859 besuchten Herzog Karl von Braunschweig und Graf Isoard de Vauvenargue eine Aufführung der Oper *Der Barbier von Sevilla*, als sie beschlossen, eine Partie Schach zu spielen. Sie waren beide Amateure, spielten aber gar nicht schlecht. Zufällig war bei dieser Vorführung auch Paul Morphy anwesend und sie forderten ihn während der Pause zu einer Partie heraus.

Weiß: Paul Morphy

Schwarz: Graf Isoard und Herzog Karl von Braunschweig

1. e4 e5 2. Sf3 d6 3. d4 Lg4 Schwarz hat jetzt schon Probleme. Der Zug führt dazu, dass Schwarz früh beide Läufer einbüßt. Ein Läuferpaar verfügt über alle Stärken des Läufers, aber nicht seine Schwächen, denn gemeinsam kontrollieren die Läufer alle Felder auf dem Brett. Es wäre hier besser, die Läufer zu behalten und 3…Lf6 oder 3…Ld7 zu spielen.

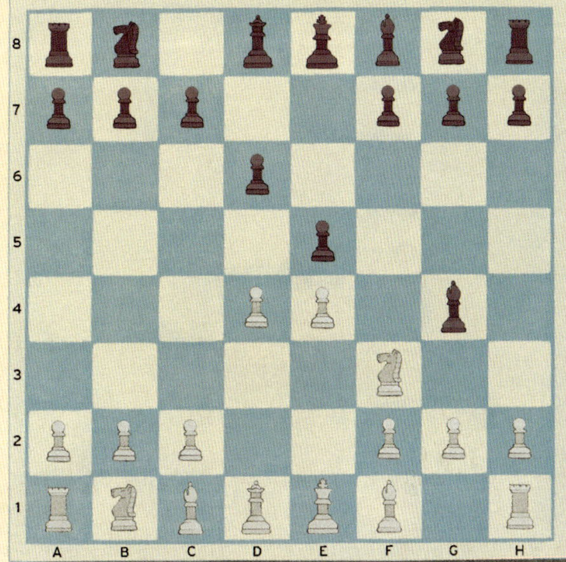

4. dxe5 Lxf3 Jetzt muss der Läufer aufgegeben werden, sonst gewinnt Weiß nach 4…dxe5 5. Dxd8+ Kxd8 6. Sxe5 einen Bauern.

5. Dxf3 dxe5
Fünf Züge gespielt, aber schon jetzt steht Weiß besser da und verfügt noch immer über sein **Läuferpaar**.

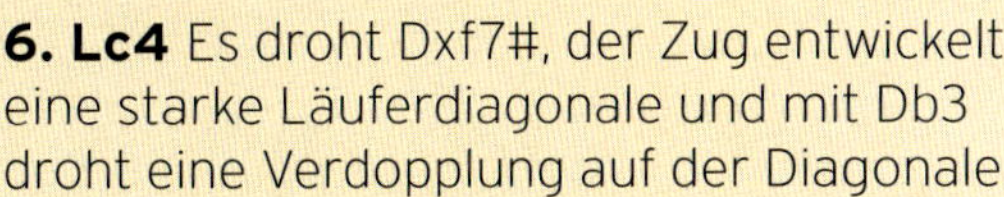

6. Lc4 Es droht Dxf7#, der Zug entwickelt eine starke Läuferdiagonale und mit Db3 droht eine Verdopplung auf der Diagonale.

6…Sf6 7. Db3! Weiß bedroht in einer Gabel die Bauern auf b7 und f7. Schwarz hat massive Probleme.

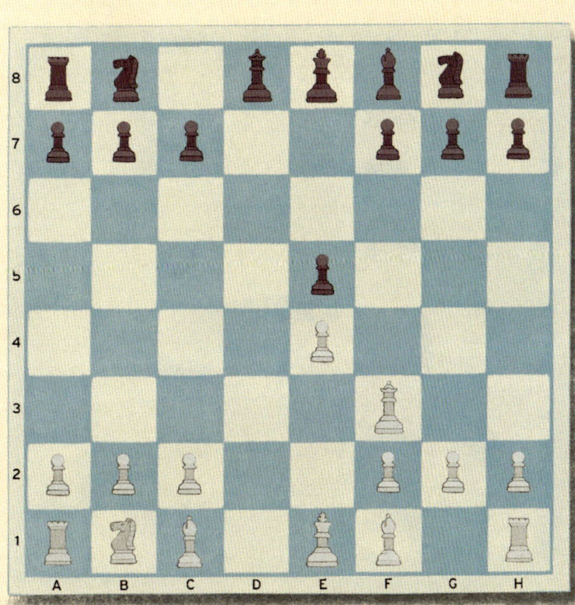

7…De7 Ein merkwürdiger Zug, aber dahinter steckt die Idee, dass Schwarz von starken weißen Figuren angegriffen wird und nun versucht, durch einen Abtausch die Gefahr zu mindern.

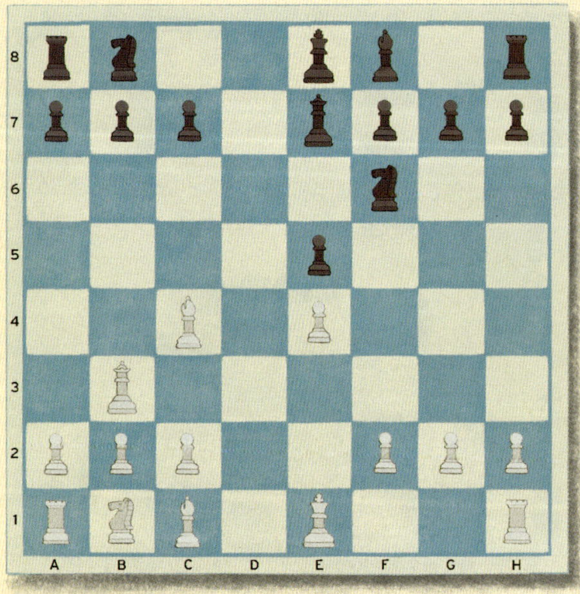

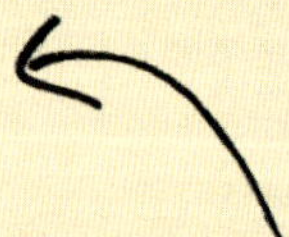

Schwarz hofft, nach 8. Dxb7 8...Db4+ spielen zu können. Es käme zum Damenabtausch und der Angriff von Weiß wäre gebremst.

Weiß hat mehrere Möglichkeiten, sich einen Vorteil zu verschaffen, aber Morphy hielt sich an die allgemeinen Eröffnungsregeln. Er ging nicht auf Bauernjagd, sondern setzte die Entwicklung seiner Figuren fort. **8. Sc3!** Schwarz sah dies als Möglichkeit, seinen Bauern zu decken, und spielte **8...c6**.

9. Lg5 Jetzt hat Weiß alle Leichtfiguren entwickelt. **9...b5?** Schwarz hat die eigene Entwicklung komplett vernachlässigt. Das wird Schwarz bitter bereuen.

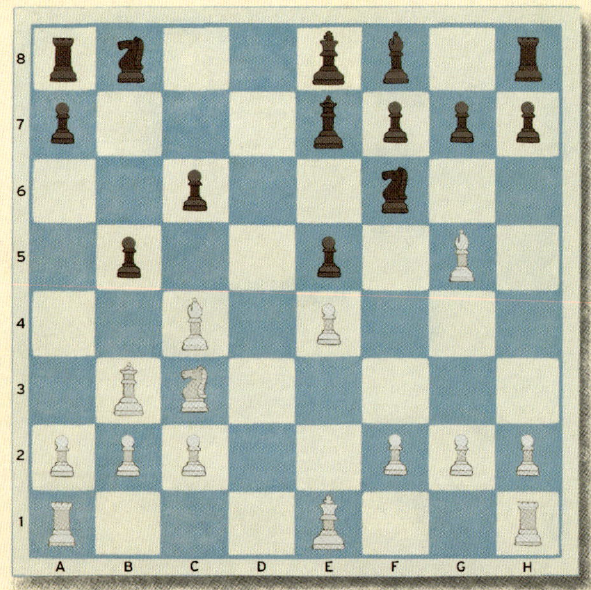

Was hätte der Herzog stattdessen tun sollen? Vielleicht wäre 9...Dc7 der bessere Ansatz gewesen, denn die Dame blockiert die Entwicklung des schwarzfeldrigen Läufers und behindert die eigene Entwicklung. Bei diesem Zug wären die Figuren von Schwarz etwas besser koordiniert. Natürlich wäre Weiß weiter im Vorteil, aber noch nicht so dramatisch.

10. Sxb5!! Morphy sieht, wie schwach die weißen Felder des Herzogs nach Verlust des weißfeldrigen Läufers sind. Sofort kontrolliert er sie mit *seinem* weißfeldrigen Läufer.

10...cxb5 11. Lxb5+ Sbd7 12. 0-0-0!

Und noch eine Figur in Angriffsstellung! Morphy droht, auf d7 zu schlagen, da der schwarze Springer auf f6 gefesselt ist.

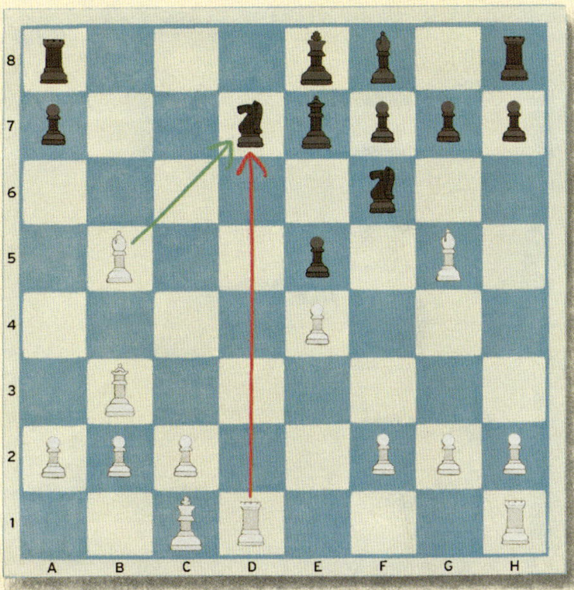

12...Tad8 Eine verzweifelte Abwehrmaßnahme. Züge wie 12...Db4 bringen nichts, auch wenn die Fesselung aufgehoben wird und der f6-Springer verteidigen kann. Im Rahmen der Taktik »Vernichte die Verteidigung« kann Weiß 13. Lxf6 spielen und dann eine Figur gewinnen, da d7 nicht mehr geschützt ist. Selbst 13...Dxb3 bringt nichts, da 14. Lxd7# folgt!

13. Txd7! Ein klassischer Morphy-Zug – er opfert, um die Verteidigung des Gegners zu durchschlagen. Sein Opfer ist aber nur vorübergehend, denn nach 13...Txd7 ist der schwarze Turm immer noch gefesselt und kann jederzeit geschlagen werden. Aber hätte Morphy nicht mit 13. Td2 und 14. Thd1 langsam die d-Linie aufbauen können? Das Problem: Schwarz könnte dann 13...Db4 spielen, die Damen tauschen und die Zahl der Angreifer reduzieren. Oder 13...h6, um den fesselnden Läufer zu ärgern.

Morphys Zug mag übertrieben aussehen, aber er ist ausgesprochen effektiv und absolut vernünftig.

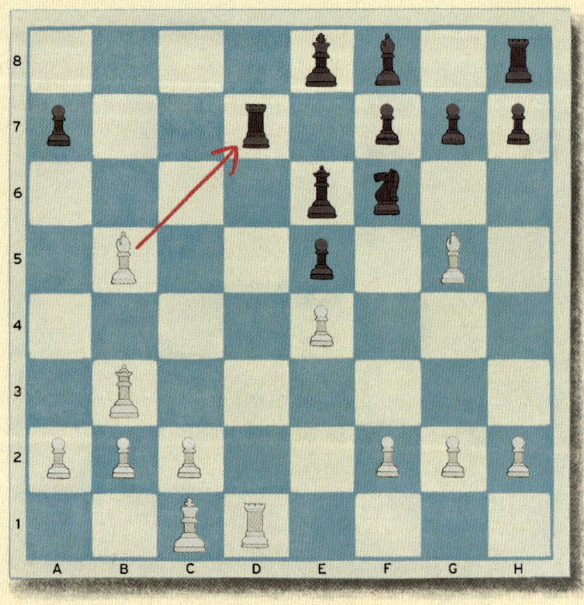

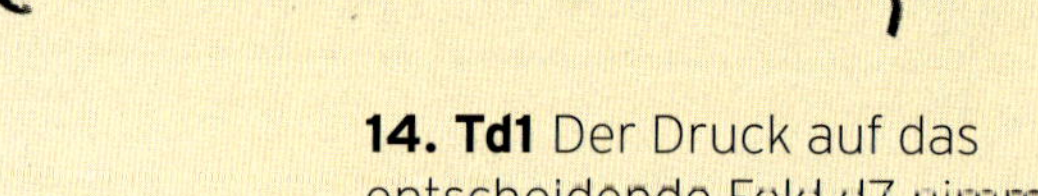

14. Td1 Der Druck auf das entscheidende Feld d7 nimmt zu.

14... De6 Das zielt wieder auf einen Damentausch ab und soll die Zahl der weißen Angreifer reduzieren.

Allerdings hat Schwarz **15. Lxd7+** übersehen, ein Gabelangriff auf den schwarzen König und die Dame. Schwarz will die Dame nicht verlieren und antwortet mit **15...Sxd7**.

Womit der Herzog und der Graf ganz gewiss nicht gerechnet haben: **16. Db8+!!**

Schwarz ist gezwungen zu **16...Sxb8**, worauf Weiß mit **17. Td8** antwortet. Schachmatt!

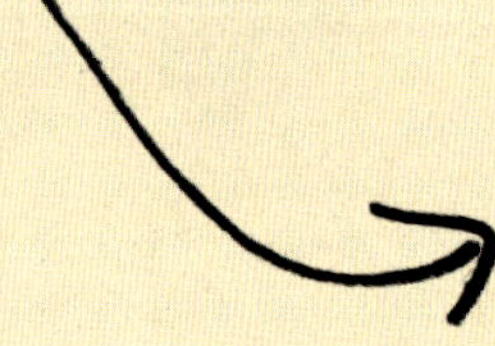

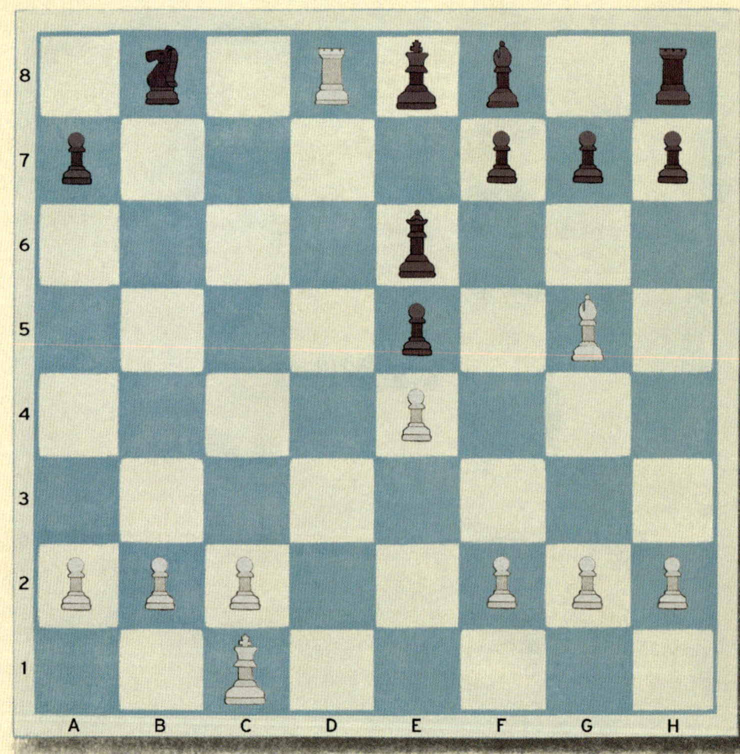

Jess: Wow, Jamie, das war fantastisch! Aber es war auch ganz schön kompliziert. Und Notation ist schon wichtig.

Jamie: Das denke ich auch. So analysieren die Profis.

Jess: Ich werde jetzt immer die Partieformulare verwenden, die am Ende des Buchs stehen. Selbst wenn ich mit dir spiele, Jamie!

Jamie: Gute Idee!

Jess: Ich hoffe, ihr habt alle viel Spaß mit dem Buch gehabt und viel gelernt. Ich ja.

Jamie: Und ich auch!

Jess: Wenn ihr bei irgendwas nicht weiter wisst, lest einfach das jeweilige Kapitel. Schon bald werdet ihr Champions sein!

Partieformular

Veranstaltung: Datum: Ergebnis:

Weiß:

Schwarz:

#	Weiß	Schwarz	#	Weiß	Schwarz
1			26		
2			27		
3			28		
4			29		
5			30		
6			31		
7			32		
8			33		
9			34		
10			35		
11			36		
12			37		
13			38		
14			39		
15			40		
16			41		
17			42		
18			43		
19			44		
20			45		
21			46		
22			47		
23			48		
24			49		
25			50		

Glossar

50-Züge-Regel: Sie greift, wenn seit 50 Zügen keine Figur mehr geschlagen oder ein Bauer bewegt wurde. Das Spiel wird dann als unentschieden gewertet.

ABC des Schachs: So merkst du dir, wie du aus dem Schach kommst. A = Abhauen. B = Blockieren. C = Catchen.

Ablenkung: Bei dieser Taktik greift man eine Figur an, die verteidigt (siehe **Vernichte die Verteidigung**). Ablenkung bedeutet, dass man diese verteidigende Figur auf ein Feld vertreibt, von wo aus sie ihre Aufgabe nicht mehr erfüllen kann.

Abtausch: Wenn du eine Figur schlägst und dein Gegner eine Figur von gleichem Wert schlägt. Unterscheidet sich der Wert, spricht man von einem **Materialgewinn** oder **Materialverlust**.

Abzug/Abzugsschach: Wenn ein Spieler eine Figur aus dem Weg nimmt und die Figur, die dahinter stand, einen Angriff führt. Beim Abzugsschach kommt noch hinzu, dass die dahinterstehende Figur Schach bietet.

Achillesferse: Die Ferse des griechischen Helden Achilles. Damit werden in der Grundaufstellung das Feld f7 bei Schwarz und das Feld f2 bei Weiß bezeichnet. Zu Beginn der Partie sind dies echte Schwachstellen der jeweiligen Armee.

Angriff: Wenn eine Figur in der Schusslinie einer anderen Figur steht. Du kannst diese Figur angreifen, aber nicht notwendigerweise auch bedrohen (siehe **Bedrohung**).

Batterie: Zwei oder noch mehr Figuren von dir kontrollieren eine Reihe, eine Linie oder eine Diagonale.

Bedrohung: Wenn es einen Angriff gibt, der im nächsten Zug in die Tat umgesetzt werden kann. Um eine Bedrohung solltest du dich nach Möglichkeit unverzüglich kümmern.

Berührt geführt: Eine Regel aus dem Turnierschach. Wenn du eine Figur berührst, dann musst du sie auch führen, also bewegen. Genauso gilt: Wenn du eine Figur des Gegners berührst, musst du sie, wenn du kannst, sofort schlagen, auch wenn das für dich Nachteile bringt. Dann spricht man von **Schlagzwang**.

Damenflügel: Die vier **Linien** auf der linken Seite des Schachbretts – also auf der Seite, auf der die Dame steht.

Diagonale: Die schrägen Linien auf dem Schachbrett. Nur auf denen dürfen sich die Läufer bewegen und immer nur in der Feldfarbe, in der sie zu Beginn stehen.

Doppelangriff: Wenn du zwei gegnerische Figuren gleichzeitig angreifst. Man sagt auch **Gabel** dazu.

Doppelschach: Nur ein **Abzugsschach** kann zu einem Doppelschach führen, denn es bedeutet, dass zwei Figuren gleichzeitig dem König Schach bieten.

Echte Fesselung: Eine echte Fesselung bedeutet, dass sich die betroffene Figur nicht bewegen darf, weil das gegen die Regeln wäre.

En passant: Ein besonderer Zug. Hat ein Bauer die Mitte des Bretts überschritten, darf er gegnerische Bauern im Vorbeigehen schlagen (französisch »en passant«).

Endspiel: Die dritte und letzte Phase der Partie. Es stehen nicht mehr so viele Figuren auf dem Brett und die Partie nähert sich dem Ende.

Ergänzen: Arbeiten zwei Figuren gut zusammen, sagt man, dass sie sich gut ergänzen.

Eröffnung: Erster Teil einer Partie. Das erste Ziel besteht darin, die Figuren schnellstmöglich ins Spiel zu bringen und zu rochieren.

Etikette: Gutes Benehmen. Du solltest dich beim Schachspielen an gewisse Regeln der Höflichkeit halten.

Familienschach: Ein gleichzeitiger Angriff auf König, Dame und einen Turm.

Fehlendes Mattmaterial: Eine Form des Unentschieden. Wenn beide Seiten nicht mehr ausreichend Material haben, um die andere Seite mattzusetzen, wird die Partie als Remis gewertet.

Fesselung: Wenn eine Figur an ein bestimmtes Feld gebunden ist und sich nicht bewegen darf. Es gibt zwei Arten der Fesselung – die **echte Fesselung** und die **unechte Fesselung**.

Gabelangriff: Wenn eine Figur zwei oder mehr gegnerische Figuren gleichzeitig angreift.

Königsflügel: Die vier **Linien** auf der rechten Seite des Bretts, also auf der Seite, auf der der König steht.

Läuferpaar: Wenn du noch beide Läufer hast, aber dein Gegenüber nicht mehr. Das ist ein leichter Vorteil für dich. Gemeinsam verfügen die Läufer über alle Stärken eines Läufers, aber nicht über seine Schwächen.

Leichtfiguren: Die Springer und die Läufer.

Linie: Linien sind die Felder auf einem Schachbrett, die von oben nach unten verlaufen. Sie sind nach Buchstaben benannt.

Linienfiguren: Die Figuren, die komplette Linien beherrschen, also Dame, Türme und Läufer.

Material: Bezieht sich auf Figuren oder Punkte.

Mittelspiel: Die zweite und mittlere Phase einer Partie. Hier findet die eigentliche Action statt. Alle Figuren wurden entwickelt und beide Seiten planen ihr weiteres Vorgehen.

Notation: Sämtliche Züge einer Partie werden aufgeschrieben.

Opfer: Wenn du Material opferst, um etwas viel Besseres dafür zu gewinnen. Beispiel: Du opferst deine Dame, kannst dafür im Gegenzug aber mattsetzen.

Opposition: In dieser Situation stehen sich beide Könige direkt gegenüber und sind nur durch ein einziges Feld getrennt. Wer die Opposition erzwingen kann, ist im Vorteil. Diese Situation kommt nur im Endspiel vor.

Patt: Eine weitere Möglichkeit eines Unentschieden. Eine Pattsituation haben wir, wenn du am Zug bist, nicht im Schach stehst und keine Figur bewegen kannst.

Reihe: Reihen sind die Felder, die von links nach rechts auf dem Schachbrett verlaufen. Sie sind nach Zahlen benannt.

Remis: Ist Französisch und bedeutet »Unentschieden«. Man sagt, man bietet seinem Gegner »Remis« an.

Rochade: Ein besonderer Zug. König und Turm ziehen gemeinsam, um den König in Sicherheit zu bringen. Sie tauschen nicht die Position, sondern der König zieht zwei Felder in Richtung Turm, der dann über den König hinwegspringt.

Schach: Wenn der König in Gefahr ist. Er muss sich unverzüglich aus dem Schach befreien.

Schachmatt: Wenn der König gefangen ist und das ABC keinen Ausweg ergibt. Er muss im Schach stehen, ansonsten ist es Patt.

Schäfermatt: Eine Variante, den Gegner in vier Zügen mattzusetzen.

Spieß: Wie eine Gabel, nur umgedreht, denn in diesem Fall steht die wertvollere Figur vor einer weniger wertvollen. Zieht die wertvollere Figur zur Seite, kann man die andere gewinnen.

Stellungswiederholung: Eine Methode, ein Unentschieden herbeizuführen. Dafür muss ein und dieselbe Stellung innerhalb einer Partie dreimal vorkommen. Es müssen nicht dieselben drei Züge hintereinander sein, es reicht die exakt selbe Stellung.

Stierkopf: Eine ideale Eröffnungsformation. Gemäß der drei goldenen Regeln der Eröffnung ist dies die Position, die wir anstreben. So kontrollierst du die Mitte des Bretts und all unsere Figuren stehen schön zum Angriff bereit, während der König in Sicherheit rochiert hat.

Strategie: So nennt man das, wenn du Pläne schmiedest und dir dein weiteres Vorgehen überlegst.

Todeskuss: Dieses Matt wird durch die Schattenmethode erzielt. Sie funktioniert mit Dame und König.

Treppenmatt: Wenn dein Gegner nur noch den König hat und du noch einen Turm oder beide hast, setzt du ihn matt, indem du seine Räume eng machst und ihn Schritt für Schritt zurückdrückst, bis er am Rand des Bretts gefangen ist.

Umwandlung: Wenn du einen Bauern auf die andere Seite des Bretts bringst, darfst du dir aussuchen, in welche Figur (außer dem König) er umgewandelt werden soll.

Unechte Fesselung: Bei dieser Form der Fesselung steht eine Figur vor einer wertvolleren Figur und sollte sich nicht bewegen, weil sonst die wertvollere Figur geschlagen wird. Sie darf sich zwar bewegen, aber es wäre keine besonders gute Idee.

Unterverwandlung: Wenn ein Bauer die andere Seite des Bretts erreicht und nicht in eine Dame, sondern eine andere Figur verwandelt wird.

Vernichte die Verteidigung: Eine Taktik, die sehr oft zum Einsatz kommt. Es gibt mehrere Wege, wie du versuchen kannst, die Verteidigung zu vernichten. Wenn du einen Plan umsetzen willst, aber eine verteidigende Figur dich daran hindert, dann nimm sie aus dem Spiel! Schlage die Figur, lenke sie ab, locke sie weg … egal was, solange es funktioniert.

Vorteilhafter Abtausch: Wenn du mit deinem Gegner Material abtauschst, du aber die besseren Figuren schlagen konntest, ist das ein für dich vorteilhafter Abtausch.

Über die Autorin

Sabrina Chevannes ist eine herausragende junge Schachspielerin und Schachlehrerin. Sie hat mit 8 Jahren angefangen, Schach zu spielen, und hat 10 britische Meistertitel gewonnen. Sie unterrichtet Schach in zahlreichen Schulen in und um London, hat die englische Schachjugend gecoacht und organisiert Schachturniere wie die »National Girls' Chess Championships«, das »English Women's Rapidplay« und das »Richmond Rapidplay«. Sie ist geschäftsführende Direktorin der »London Academy of Chess and Education«, einer der größten Schachschulen Englands.

Der Übersetzer **Matthias Schulz** zählte 1986 zu den Gründungsmitgliedern der Schachfreunde Buxtehude. Sein Aufstieg zum Großmeister scheiterte, weil er zu faul war, Eröffnungen zu büffeln.

Register